BEI GRIN MACHT SICH IHR
WISSEN BEZAHLT

Saskia Werner

Analyse der Risikoberichterstattung 2010 bei sechs HDAX-Unternehmen der Kosmetik- und Bekleidungsbranche

Darstellung mittels vorgegebenem Auswertungsschema

GRIN Verlag

Bibliografische Information der Deutschen Nationalbibliothek:

Die Deutsche Bibliothek verzeichnet diese Publikation in der Deutschen National-
bibliografie; detaillierte bibliografische Daten sind im Internet über http://dnb.d-
nb.de/ abrufbar.

Impressum:

Copyright © 2013 GRIN Verlag GmbH
Druck und Bindung: Books on Demand GmbH, Norderstedt Germany
ISBN: 978-3-656-40545-0

Dieses Buch bei GRIN:

http://www.grin.com/de/e-book/211784/analyse-der-risikoberichterstattung-2010-
bei-sechs-hdax-unternehmen-der

GRIN - Your knowledge has value

Der GRIN Verlag publiziert seit 1998 wissenschaftliche Arbeiten von Studenten, Hochschullehrern und anderen Akademikern als eBook und gedrucktes Buch. Die Verlagswebsite www.grin.com ist die ideale Plattform zur Veröffentlichung von Hausarbeiten, Abschlussarbeiten, wissenschaftlichen Aufsätzen, Dissertationen und Fachbüchern.

Besuchen Sie uns im Internet:

http://www.grin.com/

http://www.facebook.com/grincom

http://www.twitter.com/grin_com

2. Praxisbericht

Analyse der Risikoberichterstattung 2010 im Vergleich

Dargestellt am Beispiel von sechs HDAX-Unternehmen
der Kosmetik- und Bekleidungsbranche

mittels vorgegebenem Auswertungsschema

abgegeben am 12.02.2013
SRH FernHochschule Riedlingen
Lange Str. 19
88499 Riedlingen

Studiengang: Betriebswirtschaftslehre

von
Saskia Felicitas Werner

Inhaltsverzeichnis

Abkürzungsverzeichnis

AktG	Aktiengesetz
DRS 5	Deutscher Rechnungslegungsstandard 5
dt.	deutsche/r/n
ggü.	Gegenüber
GmbHG	Gesetz für die Gesellschaft mit beschränkter Haftung
HGB	Handelsgesetzbuch
Hs.	Halbsatz
KonTraG	Gesetz zur Kontrolle und Transparenz im Unternehmensbereich
Pkt.	Punkte
PublG	Publizitätsgesetz
s.	siehe
S.	Seite
sog.	sogenannte
Vgl.	Vergleiche
z.B.	zum Beispiel
Z.	Zeile

Abbildungsverzeichnis

1.Einleitung

1.1 Zielsetzung

„Eine wesentliche Voraussetzung zur Führung ist Mut: die Kühnheit, die Bürde und das **Risiko der Entscheidung** bereitwillig auf sich zu nehmen (...) (und) in einer vielleicht einsamen und unpopulären Haltung auszuharren, wenn die Entscheidung einmal getroffen ist." (von Dodds) Dieses Risiko betrifft täglich die einzelnen Konzerne bei ihren Entscheidungen, z.B. bei der Entscheidung über eine Wertpapierinvestition.

Durch Einführung des Gesetzes zur Kontrolle und Transparenz (KonTraG) ist die Berichtspflicht der Unternehmen erweitert worden: die Unternehmen haben nun ein Risikomanagement und –überwachungssystem einzurichten, den Konzernlagebericht um den Risikobericht zu ergänzen und die Jahresabschlussprüfung einer risikoorientierten Prüfung zu unterziehen. Diese Maßnahmen dienen der Optimierung der Unternehmensüberwachung und erhöhen die Transparenz über die Unternehmenspolitik für die Adressaten.[1]

Um der Realisierung dieser vom KonTraG geforderten Berichtspflichten Nachdruck zu verleihen, wurde der dt. Rechnungslegungsstandard 5 (DRS 5) eingeführt, welcher die inhaltliche und formale Gestaltung der Risikoberichterstattung konkretisiert hat.[2]

Im Rahmen dieses Praxisberichts soll die Einhaltung des DRS 5 seitens der Konzerne überprüft werden, indem die Risikoberichte des Jahres 2010 von sechs im HDAX gelisteten Unternehmen mittels vorgegebenem Auswertungsschema analysiert werden.[3] Die Ergebnisse zeigen den Risikomanagementstand der einzelnen Konzerne, anhand welchem Optimierungspotenziale für die Unternehmen analysiert werden können. Diese wiederum erhöhen bei Umsetzung die Corporate Governance des Unternehmens.

Ebenso stellen die Ergebnisse die Entscheidungsbasis für die Investoren (Adressaten) dar, welche den Konzernen Kapital auf Basis von „entscheidungsrelevanten und verlässlichen Informationen über die künftigen Risiken in der Unternehmensentwicklung im Konzernlagebericht" zur Verfügung stellen.[4]

---

[1] Martin, A.T./Bär, T.: 2002, S.37/ Gulden, T.: 2003, S.3 und S.9/ Fiedler, A.: 2008, S.67
[2] Kajüter, P./ Winkler, C.: 2003, S.217 /Berger, T./ Gleißner, W.: 2007, S.63
[3] s. „Auswertungsschema Risikoberichte 2010" das „Arbeitsblatt Scoring"
[4] Gulden, T.: 2003, S.3, S.9/ Fleischer, T.: 2009, S.15

1.2 Aufbau

Die Risikoberichterstattung im Jahr 2010 von sechs im HDAX gelisteten Unternehmen wird in sechs Kapiteln fokussiert.

Im ersten Kapitel werden, wie zum Teil schon in 1.1 erwähnt, die Zielsetzung dieses Praxisberichts und sein Aufbau (1.2) geschildert. Diesem Kapitel folgt die Darstellung des theoretischen Hintergrunds des Risikomanagements und der Berichterstattung (2.1) und der gesetzlichen Grundlagen, welche durch das KonTraG und den DRS 5 definiert werden (2.2). Im dritten Kapitel wird die Funktionsweise der bei der Auswertung angewendeten Methode – der Qualitativen Inhaltsanalyse - anhand des vorgegebenen Auswertungsschemas demonstriert (3.1, 3.2). Die generierten Ergebnisse werden im vierten Kapitel bzgl. des Risikomanagements (4.2), der Informationsqualität der Risikoberichte (4.3), des Einflusses der Unternehmensgröße (4.4) und der Gemeinsamkeiten und Unterschiede im Konzern- und Branchenvergleich (4.5) erläutert. Im Anschluss wird der Stand des Risikomanagements der Konzerne 2010 und die resultierenden Optimierungspotenziale bzgl. der Berichterstattung (5.1) kritisch hinterleuchtet und die angewandte Methodik bzgl. ihrer Subjektivität hinterfragt (5.2). Abschließend wird im Schlusswort dargestellt, inwiefern die Zielstellung erreicht worden ist und die Konzerne eine adäquate Risikoberichterstattung umgesetzt haben (6.).

2. Grundlagen der Risikoberichterstattung und des Risikomanagements

2.1 Theoretische Grundlagen

2.1.1 Risiko

Jede unternehmerische Tätigkeit birgt Risiken für das Unternehmen.[5] Das Unternehmen ist jedoch gezwungen diese Risiken einzugehen, um potenzielle Chancen, welche eine Voraussetzung für den unternehmerischen Erfolg darstellen, wahrzunehmen.[6]

---

[5] Fiege, S. (07.02.2013), http://wirtschaftslexikon.gabler.de/Definition/risikomanagement.html
[6] Strohmeier-Scheu, D.: (o.J.), S.4

In der Literatur wird der Begriff unterschiedlich definiert, es ist sich im Zusammenhang mit den Unternehmensrisiken jedoch auf die Risikodefinition, in der das Risiko in die Kategorien des reinen und spekulativen Risikos gegliedert wird, beschränkt worden.[7]

Das reine Risiko lässt nur eine negative Abweichung von der Zielgröße zu, das bedeutet, dass immer ein „Schaden" durch das Eintreten dieses Risikos im Sinne von Gewitter, Flutwelle etc., entsteht. Vor diesen Ereignissen kann sich das Unternehmen durch Versicherungen absichern.[8]

Im Zusammenhang mit der Risikoberichterstattung wird von einem spekulativen Risiko, welches bei unternehmerischem Handeln vorliegt, ausgegangen. Dieses Risiko wird in das Risiko im engeren und weiteren Sinne unterschieden. Das Risiko im engeren Sinne stellt ein „echtes" Risiko für das Unternehmen dar, wie zum Beispiel der Ausfall eines Großlieferanten. Das Risiko im weiteren Sinne hingegen stellt eine Chance für das Unternehmen dar, wie zum Beispiel die Identifizierung eines Markttrends.[9] Gegen diese Risikoformen kann sich das Unternehmen nur zum Teil absichern.

2.1.2 Risikomanagement

Der Begriff des Risikomanagements wird in der Literatur, abhängig von dem Risikoverständnis, den Zielvorstellungen und Eigenschaften des jeweiligen Unternehmens, unterschiedlich definiert. Im Zusammenhang mit der Risikoberichterstattung stellt ein effizientes und effektives Risikomanagement die Basis für eine hohe Informationsqualität dar.[10]

„Risikomanagement ist das systematische Denken und Handeln im Umgang mit Risiken." Ein angemessenes Risikomanagement wird vom KonTraG durch § 91 Abs. 2 AktG von den Vorständen der Unternehmen verlangt, welches die Einrichtung eines Risikofrühwarnsystems fordert.[11] Dieses System soll „latente und potenzielle Risiken",

---

[7] Bitz, H.: 2000, S.15/ Wöhrmann, A.: 2009, S.220
[8] Gulden, T.: 2003, S.5/ Gietl, G./ Lobinger, W. / Kamiske, G.F.: 2006, S.8f.
[9] Gulden, T.: 2003, S.5f./ Fiege, S. (07.02.2013),
http://wirtschaftslexikon.gabler.de/Definition/risikomanagement.html
[10] Zepp, M.: 2007, S.51ff., S.57
[11] Schempf, T.: 2012, S.33f.

die den Unternehmenserfolg oder –bestand gefährden, frühzeitig erkennen und zusätzlich sollten „Maßnahmen, welche zur Identifikation, Analyse, Bewertung, Steuerung und Regulierung von Risiken beitragen" von dem Unternehmen realisiert werden.[12] Zur Unterstützung dienen Planungs- und Kontrollprozesse, welche durch das Controlling, die Interne Revision und die Unternehmensplanung realisiert werden.

In der Literatur wird das Risikomanagement oft als vierstufiger Prozess mit den Phasen der Risikoanalyse/-identifikation, der Risikoaggregation/-bewertung, der Risikoüberwachung und der Risikosteuerung definiert.[13] Basis dieses Prozesses stellt die Entwicklung einer Risikopolitik bzw.-strategie dar.

2. 2 Gesetzliche Grundlagen

2.2.1 Gesetz zur Kontrolle und Transparenz (KonTraG)

Hintergrund des KonTraG war die unzureichende Unternehmensüberwachung und das fehlende Risikobewusstsein der Wirtschaftsprüfer und Aufsichtsräte bei der Konzernabschlussprüfung, welche zu einer steigenden Insolvenzrate deutscher Unternehmen in den 90er Jahren des 20. Jahrhunderts geführt hat.[14] Ebenso sollte die hieraus resultierende niedrige Transparenz über die Unternehmenspolitik und künftige Entwicklung für die Adressaten der Berichterstattung gesteigert werden.

Das Gesetz zur Kontrolle und Transparenz im Unternehmensbereich ist vom dt. Bundestag beschlossen und am 01.05.1998 verabschiedet worden. Es hat erweiterte Berichtpflichten für die Unternehmen mit sich gebracht, welche zu umfangreichen Änderungen des Aktien- und Handelsgesetzes geführt haben und den Konzernlagebericht betrafen.[15] Diese Änderungen sollten die

---

[12] Martin, A.T./Bär, T.: 2002, S.88/ Stiefl, J.: 2010, S.9/ Von Rimscha, B.: 2010, S.33
[13] Zepp, M.: 2007, S.55f./ Von Rimscha, B.: 2010, S.33/ Schempf, T.: 2012, S.34
[14] Martin, A.T./Bär, T.: 2002, S.2, S.37, S.90/ Gulden, T.: 2003, S.3, S.8/ Business Netz Redaktion, (04.02.2013), http://www.businessnetz.com/Qualitaetsmanagement/KonTraG-betriebliches Risikomanagement
[15] Martin, A.T./Bär, T.: 2002, S.2, S.37/ Berger, T./ Gleißner, W.: 2007, S.62/ Wagner, F., (01.02.2013), http://wirtschaftslexikon.gabler.de/Definition/gesetz-zur-kontrolle-und-transparenz-im-unternehmensbereich-kontrag.html/

Unternehmensüberwachung optimieren und die Transparenz über die Unternehmenspolitik und –entwicklung steigern, im Allgemeinen eine Corporate Governance bezwecken.[16]

2.2.1.1 Erweiterte Berichtspflichten

Bezüglich des Risikomanagements und der Risikoberichterstattung hat das KonTraG folgende drei erweiterte Berichtspflichten für die Konzerne mit sich gebracht: die Pflicht zur Einrichtung eines Risikomanagement- und Überwachungssystem (1.), die Erweiterung der Lageberichterstattung um die Risikoberichterstattung (2.) und der Jahresabschlussprüfung um eine risikoorientierte Prüfung (3.).[17]

Das KonTraG ist um den §91 Abs. 2 AktG (vorher: §91 Abs.1 AktG) erweitert worden, welcher die Einrichtung eines Risikomanagement- und Überwachungssystems zur Früherkennung von den „Fortbestand des Unternehmens gefährdenden Risiken"[18] von den Vorständen börsennotierter Aktiengesellschaften fordert.[19] Der Vorstand hat hierbei die allgemeine Leistungs- und Sorgfaltspflicht gem. §93 Abs.1 AktG zu beachten. Bei Pflichtverletzung haftet der Gesellschafter ggü. den Schuldnern gesamtschuldnerisch und persönlich.[20]

Der § 289 Abs. 1 HGB ist um den 2.Hs. und den §315 Abs. HGB erweitert worden und fordert von den Kapitalgesellschaften und Konzernen die Erweiterung der Lageberichterstattung um die Risikoberichterstattung, welche ein den „tatsächlichen Verhältnissen entsprechendes Bild" der wirtschaftlichen Lage des Unternehmens, sprich

---

[16] Gulden, T.: 2003, S.3/ Wolters Kluwer Deutschland Informations Service GmbH , (04.02.2013), http://www.steuerlinks.de/rechnungswesen/lexikon/kontrag.html/
[17] Martin, A.T./Bär, T.: 2002, S.2, S.38/ Gulden, T.: 2003, S.3, S.9/ Fiedler, A.: 2008, S.67/ Semrau, D: 2011, S.19
[18] Unter bestandsgefährdenden Risiken werden Risiken bezeichnet, welche das Unternehmen in seiner Vermögens-, Finanz-, Ertragslage oder in seinem Bestand gefährden und somit zu Illiquidität bzw. Überschuldung führen können
[19] Trauboth, J.H. (06.02.213), http://www.risikomanagement.info/Risikomanagement-und-das-Gesetz-zur-Kontrolle-und-Transparenz-im-Unternehme.309.0.html/ Martin, A.T./Bär, T.: 2002, S.2, S.38/ Gulden, T.: 2003, S.3/ Bundesministerium der Justiz, (05.02.2013), http://www.gesetze-im-internet.de/aktg/__91.html /
[20] Bundesministerium der Justiz (05.02.2013), http://www.gesetze-im-internet.de/aktg/__93.html

die Darstellung der Risiken der künftigen Unternehmensentwicklung, in dem Risikobericht aufzeigen sollte.[21]

Die dritte erweiterte Berichtspflicht ergänzt den §317 Abs. 2 HGB um einen dritten Halbsatz.[22] Der Abschlussprüfer testet im Rahmen des §317 Abs.3 HGB, ob die Risiken der künftigen Entwicklung adäquat im Lagebericht der Konzern- und Kapitalgesellschaften dargestellt worden sind und gem. des §317 Abs.4 HGB, ob der Vorstand der börsennotierten Aktiengesellschaft ein funktionierendes Risikofrühwarnsystem (gem. §91 Abs.2 AktG) installiert hat.[23]

2.2.1.2 Geltungsbereich

Der § 91 Abs.2 AktG gilt wegen der „Ausstrahlungswirkung auf den Pflichtenrahmen der Geschäftsführer anderer Gesellschaften" auch für die Geschäftsführer einer Gesellschaft mit beschränkter Haftung (GmbH).[24] Ebenfalls haben diese bei der Einrichtung eines Risikofrühwarnsystems die Sorgfaltspflicht gem. §43 Abs.1 GmbHG zu wahren.[25]

Das KonTraG hat im Sinne der „Ausstrahlungswirkung auf den Pflichtenrahmen der Geschäftsführer anderer Gesellschaften" des KonTraG keine eigenen erweiterten Berichtpflichten für die GmbH definiert, da für die „GmbH, abhängig von ihrer Größe, Komplexität, Struktur usw. nichts anderes gelte" als für die Aktiengesellschaften.[26]

---

[21] Gulden, T.: 2003, S.9, S.18/ Höppner, K: 2007, S.7/ Juristischer Informationsdienst (05.02.2013), http://dejure.org/gesetze/HGB/315.html / Bundesministerium der Justiz (05.02. 2013), http://www.gesetze-im-internet.de/hgb/__289.html

[22] Martin, A.T./Bär, T.: 2002, S.38 / Semrau, D: 2011, S.19/ Juristischer Informationsdienst (05.02.2013), http://dejure.org/gesetze/HGB/317.html

[23] Fleischer, T: 2009, S.15/ Juristischer Informationsdienst (05.02.2013), http://dejure.org/gesetze/HGB/317.html

[24] Bundesministerium der Justiz, (05.02.2013), http://www.gesetze-im-internet.de/aktg/__91.html / Trauboth, J.H. (06.02.213), http://www.risikomanagement.info/Risikomanagement-und-das-Gesetz-zur-Kontrolle-und-Transparenz-im-Unternehme.309.0.html

[25] Juristischer Informationsdienst (06.02.2013), http://dejure.org/gesetze/GmbHG/43.html / Gulden, T.: 2003, S.10

[26] Martin, A.T./Bär, T.: 2002, S.44/ Fiedler, A: 2008, S.67/ Trauboth, J.H. (06.02.2013), http://www.risikomanagement.info/Risikomanagement-und-das-Gesetz-zur-Kontrolle-und-Transparenz-im-Unternehme.309.0.html

2.2.2 Deutscher Rechnungslegungsstandard Nr. 5 (DRS5 5)

Die fehlende Konkretisierung der Ausgestaltung der Risikoberichterstattung (Vgl. § 289 Abs.2 HGB und §315 Abs.1 HGB) im KonTraG hat zu einer niedrigen Informationsqualität der Risikoberichte geführt, welche durch „vage und unpräzise Formulierungen" gekennzeichnet waren.[27] Hiermit ist die Zielstellung des KonTraG, den Adressaten „entscheidungsrelevante" Informationen zur Verfügung zu stellen, nicht erreicht worden.[28]

Der Deutsche Rechnungslegungsstandard 5 (DRS5) ist vom dt. Standardisierungsrat als Konzernrechnungslegungs-Standard entwickelt und am 29.05.2001 vom Bundesministerium der Justiz bekannt gegeben worden und erweitert mit der Risikoberichterstattung den DRS 15, welcher die Grundsätze zur Lageberichterstattung, beinhaltet.[29] „Durch den §342 Abs. HGB legitimiert" soll der DRS 5 die inhaltliche und formale Gestaltung der Risikoberichterstattung konkretisieren, um somit die Informationsqualität der Risikoberichte zu erhöhen.[30] „Schwerpunkt (…) bilden (daher) die mit den spezifischen Gegebenheiten des Konzerns und seiner Geschäftätigkeit verbundenen Risiken" (vgl. DRS 5.1). Die Berichterstattung über diese Risiken soll den Adressaten „entscheidungsrelevante und verlässliche Informationen" (vgl. DRS 5.10) zur Verfügung stellen, sodass diese sich ein „realistisches" Bild über die künftige Unternehmensentwicklung machen können (vgl. DRS 5.2).

---

[27]Kajüter, P./ Winkler, C.: 2003, S.217/ Berger, T./ Gleißner, W.: 2007, S.63/ Juristischer Informationsdienst (05.02.2013), http://dejure.org/gesetze/HGB/315.html / Bundesministerium der Justiz (05.02. 2013), http://www.gesetze-im-internet.de/hgb/__289.html
[28] Filipiuk, B.: 2008, S.149
[29] Kajüter, P./ Winkler, C.: 2003, S.217/ Berger, T./ Gleißner, W.: 2007, S.62/ Wirtschaftslexikon (04.02.2013),http://www.daswirtschaftslexikon.com/d/lagebericht/lagebericht.htm#A7D202140B361958 00000016 /Deutsches Rechnungslegungs Standard Committee e.V. (02.02.2013), http://www.drsc.de/service/drs/standards/index.php?ixstds_do=show_details&entry_id=8 / Abrahamowicz, M.: (o.J.), S.66
[30] Gulden, T.: 2003, S.28/ Kajüter, P./ Winkler, C.: 2003, S.217/ Berger, T./ Gleißner, W.: 2007, S.62/ Juristischer Informationsdienst (06.02.2013), http://dejure.org/gesetze/HGB/342.html

14

2.2.2.1 Konkretisierte Berichtspflichten

Der DRS 5 besteht neben der Definition des Gegenstands und Geltungsbereichs (Vgl. DRS 5.1-5.8), der Definition der Begrifflichkeiten (Vgl. DRS 5.9), aus abstrakten Regeln (Vgl. DRS 5.10-5.39), welche von den Konzernen unternehmensspezifisch bei der Risikoberichterstattung angewendet werden müssen.[31]

Im Bezug zur Risikoberichterstattung und wegen des beschränkten Seitenumfangs ist sich auf folgende fünf (diesbezüglich relevante) Standards beschränkt worden.

Gemäß DRS 5.16 sollen die Risiken zu unternehmensspezifischen Risikokategorien in der Berichterstattung zusammengefasst werden, hierunter sind laut DRS 5.9 „gleichartige, organisatorisch oder funktional zusammengehörige Risiken" zu verstehen. [32] Des Weiteren sollen die wesentlichen Risiken bzgl. ihrer Bedeutung für die wirtschaftliche Lage anhand ihrer „Eintrittswahrscheinlichkeit" und Schadenshöhe für das Unternehmen beschrieben werden (DRS 5.18). Gemäß DRS 5.20 sind Finanzrisiken zu quantifizieren, wenn „anerkannte und verlässliche Methoden" vorhanden sind und die Quantifizierung „wirtschaftlich vertretbar" ist. Die angewandten Methoden müssen dargestellt und den Adressaten des Konzernlageberichts „entscheidungsrelevante" Informationen vermittelt werden. Zusätzlich müssen die Risikobewältigungsmaßnahmen und die Risikohöhe vor der Maßnahme im Risikobericht angegeben werden, solange das Risiko nicht „vollständig kompensiert" worden ist (DRS 5.21 und DRS 5.22). Ausnahme stellen bereits durch „Abschreibungen oder Rückstellungen" vorsorglich abgesicherte Risiken dar, welche nicht erwähnt werden müssen. Letztendlich muss von den Unternehmen die Gesamtrisikoposition, das heißt eine Aussage zu der „Risikosituation des Gesamtunternehmens" aufgezeigt werden.[33]

[31] Filipiuk, B.: 2008, S.155/ Juristischer Informationsdienst (06.02.2013), http://dejure.org/gesetze/HGB/342.html
[32] Martin, A.T./Bär, T.: 2002, S.39/ Führing, M.: 2006, S.34 / Vgl. Abb.5 Beispiele für einzelne Risikoarten
[33] Gleißner, W. u.a.: 2005, S.39, S.346/ Filipiuk, B.: 2008, S.55

2.2.2.2. Geltungsbereich

Der DRS 5 (DRS 5.3-5.8) gilt für alle Mutterunternehmen, die gem. §315 HGB und §289 Abs.1 2.Hs. HGB einen Konzernlagebericht erstellen müssen und hierbei von den künftigen Risiken der Unternehmensentwicklung zu berichten haben.[34]

Laut DRS 5.5 zählen zu diesen Mutterunternehmen Unternehmen in der Rechtsform der Kapitalgesellschaft (§290 HGB) und der Kapitalgesellschaft gleichgestellte Unternehmen (§264a HGB) sowie bestimmte Unternehmen und Konzerne[35] (Vgl. §11 PublG).[36] Ausnahmen für die Mutterunternehmen sind Unternehmen aus dem Finanzdienstleistungs- und Versicherungsbereich, für welche zusätzliche branchenspezifische Standards (DRS 5.10-5.20) gelten.[37]

3. Methode

3.1 Grundlagen der Inhaltsanalyse

Die Inhaltsanalyse wird in die Quantitative und Qualitative Inhaltsanalyse unterschieden, wobei die Quantitative Inhaltsanalyse vorwiegend die „manifesten, sprich expliziten Kommunikationsinhalte" des Textes betrachtet, wendet sich die Qualitative Inhaltsanalyse hingegen auch den impliziten zu.[38] Die von Mayring 1983 in seinem Methodenbuch begründete Qualitative Inhaltsanalyse ist eine wissenschaftliche

---

[34] Juristischer Informationsdienst (05.02.2013), http://dejure.org/gesetze/HGB/315.html / Juristischer Informationsdienst (06.02.2013), http://dejure.org/gesetze/HGB/289.html / Filipiuk, B.: 2008, S.55
[35] Hier sind bestimmte offene Handels- und Kommanditgesellschaften gemeint, Vgl. § 264 a HGB
[36] Juristischer Informationsdienst (03.02.2013), http://dejure.org/gesetze/HGB/290.html /Juristischer Informationsdienst (04.02.2013), http://dejure.org/gesetze/HGB/264a.html /buzer.de (04.02.2013), http://www.buzer.de/s1.htm?a=11&g=publg&dorg=1
[37] Filipiuk, B.: 2008, S.55
[38] FQS. (06/2000),.
http://www.google.de/imgres?q=Ablaufmodell+induktiver+Kategorienbildung+(vgl.+MAYRING+2000)
%3F%3F&um=1&hl=de&sa=N&tbo=d&noj=1&tbm=isch&tbnid=w-
w80fNwwdvMlM:&imgrefurl=http://www.qualitative
research.net/index.php/fqs/article/view/1089/2383&docid=IpSOCzqt23lMSM&imgurl=http://www.qualit
ativeresearch.net/index.php/fqs/article/viewFile/1089/2383/3449&w=433&h=434&ei=wmkVUZndOYqS
tQblg4CwCQ&zoom=1&iact=rc&dur=190&sig=110103113080456205298&page=1&tbnh=138&tbnw=
137&start=0&ndsp=36&ved=1t:429,r:0,s:0,i:82&tx=84&ty=60&biw=1209&bih=939

Forschungsmethode zur Textanalyse und wird deshalb zur Analyse der Risikoberichte eingesetzt.[39]

Im Bezug zur Themenstellung ist sich auf die Darstellung der Methode der Qualitativen Inhaltsanalyse beschränkt worden. Diese Methode besitzt unterschiedliche Techniken zur Textanalyse: die Zusammenfassung, die Induktive Kategorienbildung, die enge und weite Kontextanalyse, die formale, inhaltliche, typisierende und skalierende Strukturierung. „Das Kategoriensystem" stellt hierbei das „Herzstück" der Qualitativen Inhaltsanalyse dar und kann induktiv[40], deduktiv[41] oder induktiv-deduktiv stattfinden.[42] Bei der induktiven Kategorienbildung werden die Kategorien „ausschließlich am Material entwickelt", während sie bei der deduktiven Kategorienbildung „auf der Grundlage vorhandener Hypothesen (…) über den Gegenstandsbereich" gebildet werden." Die deduktiv-induktive Kategorienbildung stellt somit eine Mischform aus der induktiven und deduktiven Kategorienbildung dar.[43]

3.2 Auswertungsmethode der bestehenden Studie

Das Auswertungsschema von Herrn Prof. Dr. Berger[44] zur Risikoberichtsanalyse beruht auf der Anwendung der **Evaluativen Qualitativen Inhaltsanalyse,** welche eine Methode der Qualitativen Inhaltsanalyse ist. Die Evaluative Qualitative Inhaltsanalyse besteht aus den Hauptphasen der Textarbeit, der Kategorienbildung, der Codierung, der Analyse und der Ergebnisdarstellung.

Bevor die Textanalyse beginnt, sollten die „Ziele der eigenen empirischen Untersuchung", hier: die Messung der Informationsqualität der Risikoberichte, definiert werden. Danach erfolgt die initiierende Textarbeit, bei welcher der gesamte Text (Risikobericht) im Bezug zur Forschungsfrage durchgelesen und relevante Textpassagen gekennzeichnet werden. Als Hilfsmittel zum Markieren dieser Textstellen dienen der Textmarker oder der elektronische Highlighter am Computer. Des Weiteren

[39] Mayring, P.: 2008, S.7/ Zauner, C.: 2011, S.2
[40] s.Abb. 3 Modell der induktiven Kategorienbildung
[41] s.Abb. 4 Modell der deduktiven Kategorienbildung
[42] Top, J.: (o.J.), S.134
[43] Kuckartz, U.: 2012, S.59, S.72
[44] s. Auswertungsschema Risikobericht 2010" die Arbeitsblätter „Risikofelder" und „Systemanalyse"

können sog. Memos verwendet werden, das sind Post-it ähnliche kleine Notizen, auf welchen der Textanalyst seine Ideen, Gedanken etc. notiert.

Es wird davon ausgegangen, dass für das Erstellen der Auswertungskategorien die Technik der Fallzusammenfassung angewendet worden ist. Bei dieser wird nach der initiierenden Textbearbeitung eine „resümierende, faktenorientierte Zusammenfassung des Textes" bzgl. der Forschungsfrage erstellt. Diese Fallzusammenfassung kann entweder aus einer stichwortartigen Zusammenfassung (bei kurzen Texten) oder aus einem ausformulierten Fließtext bestehen.

Basierend auf den Ergebnissen der initiierenden Textarbeit werden Auswertungskategorien für die Risikoberichtsanalyse gebildet (zweite Phase).[45] Es ist zu vermuten, dass die Kategorien des Auswertungsschemas von Herrn Prof. Dr. Berger deduktiv gebildet worden sind: diesbezüglich ist sich vermutlich die Frage gestellt worden, welche Risiken sich aus der Risikoberichtsanalyse ergeben werden und hierauf basierend die Auswertungskategorien konstruiert worden.

Es haben sich zunächst folgende sechs Auswertungs- bzw. Risikokategorien aus der deduktiven Kategorienbildung im Auswertungsschema Risikobericht 2010[46] ergeben, welche wiederum in unterschiedlich viele Risikofelder gegliedert werden. Zu den sechs Risikokategorien zählen strategische (S), Markt- (M), Finanz- (F), politisch und rechtliche (R), Corporate Governance (G) und Leistungsrisiken (L). Der Risikokategorie Strategische Risiken (S) gehören zum Beispiel die Risikofelder „Kernaussagen, Prämissen und Konsistenz der Strategie" (S01), „Geschäftsfeldstruktur" (S02) und „Bedrohung kritischer Erfolgsfaktoren und strategischer Ziele" (S03) an.

Auf diesen Risikokategorien basierend ist vermutlich das Arbeitsblatt „Systemanalyse"[47] entwickelt worden. Dieses betrachtet den Informationsgehalt des Risikoberichts und das Risikomanagementsystem des Unternehmens.

Der „Informationsgehalt des Risikoberichts" besteht aus den Auswertungskategorien „Risikofelder und Risikokategorien" (KR1), „Beschreibung des Risikos" (KR2), „Quantifizierung des Risikos" (KR3), „Beschreibung der Bewältigung" (KR4) und

---

[45] Kuckartz, U.: 2012, S.52ff., S.55f, S.99f.
[46] s. Auswertungsschema Risikobericht 2010 das „Arbeitsblatt Risikofelder"
[47] s. „Arbeitsblatt Systemanalyse" in der Excel-Auswertungstabelle

Darstellung der „Gesamtrisikoposition" (KR5). Die Auswertungskategorien „Strategie / Philosophie / Politik" (KS1), „Analyse" (KS2), „Aggregation" (KS3), „Aufbau- und Ablauforganisation" (KS4) und „Steuerung und Überwachung" (KS5) bilden das Risikomanagementsystem des Unternehmens.

Nach Definition der zur Analyse der Risikoberichte benötigten Auswertungskategorien findet die Phase der Codierung statt, in welcher der Text (Risikobericht) erneut gelesen und den Auswertungskategorien relevante Textpassagen zugeordnet, sprich: codiert werden. Die codierten Textstellen werden danach in einer Liste oder Tabelle zusammengefasst.

Diese Textstellen dienen der Entwicklung von Kodierregeln, sprich: Textzitaten, welche die Zuordnung der einzelnen Textpassage zu der Auswertungskategorie vereinfachen. Die gefundenen Textstellen können hierbei unterschiedliche hohe „Ausprägungen" bzgl. der Bewertungskategorie annehmen und werden daher nach einer hohen, geringen und nicht zu klassifizierenden „Ausprägung" unterschieden. Zielstellung ist es, die Ausprägungen genauestens zu formulieren und dessen Anwendbarkeit anhand des Textmaterials zu überprüfen. Gegebenenfalls müssen die Ausprägungen überarbeitet bzw. modifiziert werden.[48]

Diese Untergliederung der Auswertungskategorien in unterschiedliche „Ausprägungen" lassen sich auf alle Auswertungsschema[49] übertragen, in welcher diese in Form von zu vergebenden Punktzahlen oder Relevanzen auftauchen. Beispielhaft werden diese Ausprägungen anhand des Auswertungsschemas „Scoring Risikobericht Informationsgehalt" erklärt. Hierbei wird für die Kategorie „Risikokategorien/ Risikofelder" (KR1) nur ein Punkt vergeben, wenn zwei bis drei Risikokategorien bzw. –felder (=Kodierregel für diese Auswertungskategorie) im Risikobericht erwähnt werden. Diese Punkteverteilung entspricht einer niedrigen Ausprägung. Eine hohe Ausprägung würde bei drei Punkten vorliegen, sprich wenn mehrere Risikokategorien und –felder, welche die strategischen, finanziellen und mehrere operative Aspekte umfassen (=Kodierregel für diese Auswertungskategorie), erwähnt werden.

Nach der Codierungsphase erfolgt die Analysephase, bei welcher die in einer Tabelle gesammelten Textstellen analysiert werden. Hierbei ist sich auf die kategorienbasierte Auswertung beschränkt worden, welche zunächst die Auswertungsergebnisse „verbal",

---

[48] Kuckartz, U.: 2012, S.48, S.101f.
[49] s. „Arbeitsblatt Systemanalyse" und „Risikofelder" im Auswertungsschema Risikobericht 2010

aufzeigt. Die verbale Darstellung zeigt, welche Methode zur Auswertung der Textpassagen angewendet und wie diese eingesetzt worden ist (Vgl. 3.1 und 3.2).

Nach der verbalen folgt die beschreibende Analyse, bei welcher die Auswertungsergebnisse statistisch-tabellarisch oder verbal-interpretativ dargestellt werden können. Die aus der Codierung der Textpassagen des Risikoberichts erhaltenen Ergebnisse werden im Sinne der statistisch-tabellarischen Analyse in die Excel-Auswertungs-Tabelle „Auswertungsschema Risikoberichte 2010" mit ihrer jeweiligen Punktzahl oder Relevanz eingetragen.[50]

Die klassischen Merkmale der statistisch-tabellarischen Analyse sind auch im „Arbeitsblatt Risikofelder" und „Systemanalyse" zu finden und beinhalten die absolute und relative Häufigkeitsausprägung (Vgl. „Häufigkeit der Nennung des Risikofeldes" bzw. „Summe"), die „relative Häufigkeitsausprägung" (Vgl. „Relative Häufigkeit der Risiken je Risikofeld mit Relevanz 2-5") und die Darstellung der Ausprägung mittels Graphiken (Vgl. die drei Balkendiagramme „Relevanzen je Risikokategorie", „Häufigkeiten einzelner Risikokategorien 2010" und „Anteil der gravierenden Risiken 2005").

Abschließend erfolgt die Phase der Ergebnisauswertung, welche die in den zwei Arbeitsblättern (Vgl."Systemanalyse" und „Risikofelder") eingetragenen Ergebnisse unter Betrachtung der Leitfragen analysiert (Vgl. 4.1-4.5).

3.3 Anwendung des Auswertungsschemas

Zielstellung ist es, die Risikoberichte 2010 von sechs im HDAX[51] gelisteten Unternehmen mittels des vorgegebenen Auswertungsschemas zu analysieren und somit den Stand des Risikomanagements in diesen Unternehmen darzustellen.

Meine sechs im Rahmen dieser Studie untersuchten Unternehmen stammen aus der Bekleidungs- und Kosmetikbranche. Die Bekleidungsbranche wird durch die adidas AG, die HUGO BOSS AG und die PUMA AG charakterisiert, während die Beiersdorf AG, die Douglas Holding AG und die Henkel AG & Co. KGaA die Kosmetikbranche

---

[50] Kuckartz, U.: 2012, S.109
[51] Heldt, C. (04.02.2013), http://wirtschaftslexikon.gabler.de/Definition/hdax.html

repräsentieren. Sowohl die adidas AG als auch die PUMA AG geben Sportbekleidung, - schuhe und Accessoires als ihr Geschäftsfeld an, während sich die HUGO BOSS AG auf Bekleidung im Premium- und Luxussegment spezialisiert.[52]/[53]/[54]

Ebenso ähneln sich bei der Kosmetikbranche die Henkel AG & Co. KGaA und die Beiersdorf AG bzgl. des Geschäftsfeldes der Klebstoff-Technologie für Industrie, Gewerbe und Konsumenten und Pflege (Schönheits- bzw. Hautpflege).[55]/[56] Die Henkel AG & Co. KGaA gibt als zusätzliches Geschäftsfeld noch Wasch- und Reinigungsmittel an.[57] Die Douglas Holding AG besitzt hingegen vier komplett andere Geschäftsfelder: Parfümerie, Buchhandel, Mode, Schmuck und Süßigkeiten.[58]

4. Ergebnisse

Als Hilfsmittel für die Auswertung der sechs Risikoberichte ist neben dem vorgegebenen Auswertungsschema eine mit Anlehnung an die Kategorien dieses Auswertungsschemas erstellte „Codiertabelle" für die sechs Konzerne verwendet. worden.[59] Die „Codiertabelle" beinhaltet neben den Auswertungskategorien, jew. eine Spalte für Seitenzahl und Zeilennummer (für die relevanten Textstellen), die Spalte „Textstelle" (in welche die kategorienrelevanten Textstellen eingetragen werden) und die Spalte „Anmerkung/Relevanzen/Punkte" (für die Bewertung der jew. Textstelle bzw. für gewünschte Anmerkungen des Bewertenden).

Die „Codiertabelle" simplifiziert die Auswertung der einzelnen Kategorien für den Bewertenden, da dieser die gefundene, relevante Textstelle (sofort) in der Spalte „Textstelle" in der dazugehörigen Kategorie eintragen und eine Bewertung bzw. Anmerkung (in „Anmerkungen/Relevanzen/Punkte") vornehmen kann. Durch die Spalte „Seitenzahl und Zeilennummer" bzw. „Anmerkung/Relevanzen/Punkte" wird

---

[52] Planet Sports.de (05.02.2013), http://www.planet-sports.de/manufacturer68/index.html
[53] PUMA (07.02.2013), http://about.puma.com/category/company/glance/
[54] HUGO BOSS (07.02.2013), http://group.hugoboss.de/de/corporate_profile.htm
[55] Henkel (07.02.2013) http://www.henkel.de/ueber-henkel.htm
[56] Beiersdorf (07.02.213),
http://www.beiersdorf.de/%C3%9Cber_uns/Unser_Profil/Unternehmensbereiche.html
[57] Henkel (07.02.2013) http://www.henkel.de/ueber-henkel.htm
[58] DOUGLAS HOLDING (07.02.2013), http://www.douglas-holding.de/
[59] Vgl. Abb. 6 Codierungstabellen für die sechs Konzerne

eine hohe Nachvollziehbarkeit der getätigten Risikobewertungen auch für eine externe Person ermöglicht.

Bei der Analyse der Risikoberichte sei anzumerken, dass weiterführende Erläuterungen zu den einzelnen Unternehmensrisiken, auf welche innerhalb des Risikoberichts verwiesen worden ist, nicht berücksichtigt worden sind.[60] Ebenfalls ist immer die insgesamt höchste genannte Bewertung pro Kategorie als Ergebnis in die Auswertungstabelle eingetragen worden.[61] Außerdem ist mit null Punkten bewertet worden, wenn die Textstelle nicht mittels der Kodierregeln den Kategorien zugeordnet werden konnte bzw. kein explizites „Risiko" für das Unternehmen dargestellt hat. Zusätzlich ist versucht worden, „Doppelzuordnungen" einer gefundenen Textstelle in die Kategorien zu vermeiden, um Risikowiederholungen zu unterbinden.

4.1 Risikodarstellung

Bei der Ergebnisauswertung der Risikokategorien der sechs Berichte stellt sich eine Risikosituation dar, in welcher die Risiken überwiegend im Finanz- (34,70%) und Marktbereich (24%) anfallen. Mit etwas Abstand folgen die Leistungserstellungsrisiken (16%), die rechtlich und politischen sowie Corporate Governance Risiken (jew.12%). Eine sehr selten genannte Risikokategorie sind die strategischen Risiken mit 1,3%.

---

[60] Zum Beispiel wurde der Verweis bei den Finanzwirtschaftliche Risiken und Chancen auf „ausführliche Erläuterungen zu den finanzwirtschaftlichen Risiken und deren Management im Konzernanhang (S. 162-165)", nicht berücksichtigt - Douglas Geschäftsbericht 2010 (auf S.58)

[61] Zum Beispiel wenn im Bericht für **eine** Kategorie sowohl Textstellen, welche mit einem Punkt bewertet werden müssten als auch Textstellen, für welche „2" Punkte vergeben werden müssten, gefunden worden sind. In diesem Fall würde die höhere Punktzahl vergeben werden (2 Pkt.).

22

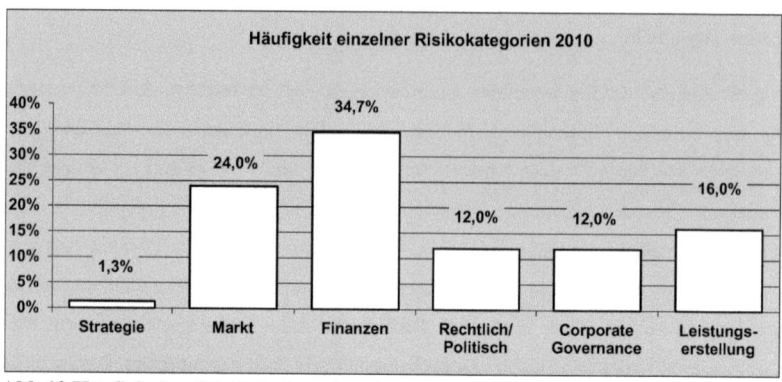

Abb.13 Häufigkeiten Risikokategorien 1
Quelle: Auswertungsschema Risikobericht 2010, „Arbeitsblatt Risikofelder"

Bei der Betrachtung der Risikorelevanzen je Kategorie[62] ist auffällig, dass die Relevanz „3" am meisten vergeben worden ist. Die Relevanz „3" signifiziert ein mittleres Risiko für das Unternehmen. Die Risikokategorien „Strategie" und „Corporate Governance" sind ausschließlich mit der Relevanz „3" beurteilt worden. Diesen Kategorien folgen die Kategorien Markt und Leistungserstellung (jew.83,3%) und die rechtlich/politischen Risiken mit 77,80%. Die finanziellen Risiken sind nur mit 61,50% mit der Relevanz „3" bewertet worden.

Am zweit häufigsten ist die Relevanz „2", welche ein geringes Risiko kennzeichnet, vergeben worden. Sie ist am häufigsten für die Kategorie Finanzen (26,40%) und für rechtliche und politische Risiken (22,20%) vergeben worden. Mit kurzem Abstand folgt die Risikokategorie „Leistungserstellung" mit 16,70%. Am wenigsten sind die Marktrisiken mit der Relevanz „2" beurteilt worden.

Die Relevanz „4" ist am wenigsten zur Bewertung eingesetzt worden und kennzeichnet ein gravierendes Risiko. Sie kommt nur in der Bewertung der Risikokategorien Finanzen (11,50%) und Markt (11,10%) vor.[63] Bei genauerer Betrachtung der gravierenden Risiken wird bei der Kategorie Finanzen das Risikofeld „Derivate" (40%) mit zwei Nennungen und bei der Kategorie Markt das Risikofeld „Beschaffungsmarkt"

---

[62] Vgl. Auswertungsschema Risikobericht 2010 das „Arbeitsblatt Risikofelder"
[63] Vgl. Auswertungsschema Risikobericht 2010 das „Arbeitsblatt Risikofelder"
und die Graphik „Anteil der gravierenden Risiken 2010"

(20%) durch eine Nennung angeführt.[64] Das Finanzrisiko „Derivate" und das Marktrisiko „Beschaffungsmarkt" gehören daher zu den „TOP 5 der gravierenden" Risiken. Wobei eher nur die Rede von „TOP 2 der gravierenden Risiken" sein kann, da es neben dem Risikofeld Derivate als TOP 1 und Beschaffungsmarkt als TOP 2 keine weiteren gravierenden Risiken gibt.

4.2 Risikomanagement

4.2.1 Strategie/Philosophie/Politik

In dieser Kategorie sollten die Unternehmen gem. DRS 5.29 ihre Risiko-Rendite-Überlegungen, ihre Risikoneigung sowie ihre Kern- bzw. abzuwälzende Risiken im Risikobericht darstellen.

Fast drei Viertel der Konzerne (66,67%) erklären ihre Risikopolitik ausführlich im Risikobericht (2 Pkt.). Die HUGO BOSS AG schließt „Zur Minimierung der Ausfallrisiken (...) Finanzinstrumente im Finanzierungsbereich grundsätzlich nur mit Kontrahenten sehr guter Bonität unter Einhaltung vorgegebener Risikolimits" (...) ab.[65] Hieraus wird das vom Konzern angestrebte Rating im Zusammenhang mit dem Risikomanagement des Konzerns deutlich. Ein Drittel der Konzerne tätigen hingegen nur unzureichende Aussagen zu ihrer Risikopolitik (jew. 1 Pkt.) im Risikobericht und erfüllen daher die Anforderungen des DRS 5.29 nicht.

4.2.2 Risikoanalyse

Die Risikoanalyse stellt einen zentralen Bestandteil für die Risikokontrolle dar, da sie Risiken identifiziert und bewertet.[66]

---

[64] Vgl. Auswertungsschema Risikobericht 2010 das „Arbeitsblatt Risikofelder" und die Graphik „TOP 5 der gravierenden Risiken"
[65] HUGO BOSS Geschäftsbericht 2010, S.132, Z.17f.
[66] Schempf, T.: 2012, S.35

Mittels bestimmten Analyseinstrumenten können die Konzerne die Risiken identifizieren.

Alle sechs Konzerne setzen Verfahren zur Identifizierung und Bewertung von Risiken ein ($\geq$ 1 Pkt.). Hierbei erhalten aber die adidas AG, HUGO BOSS AG, die Henkel AG & Co. KGaA und die PUMA AG um einen Punkt höhere Bewertungen als die Douglas AG und Beiersdorf AG (jew.1 Pkt.). Die adidas AG setzt zum Beispiel als Analyseinstrument Szenarioanalysen und –simulationen, welche auf der Ermittlung von „Brutto- und Nettorisikowert" für „jedes Einzelrisiko" beruhen.[67]

4.2.3 Risikoaggregation

DRS 5.13 „Risikokonzentrationen" und DRS 5.25 „Interdependenzen" stellen die Anforderung der Risikoaggregation an die Konzerne. Durch diese soll eine Gesamtrisikoeinschätzung unter Berücksichtigung der Risikowechselwirkungen ermöglicht werden.[68]

Zwei Drittel der Konzerne halten diese Anforderung nicht ein und erwähnen ihre Gesamtrisikoposition nicht. Mit positivem Beispiel (jew. 2 Pkt.) schreiten die adidas AG und die Henkel AG & Co. KGaA (33,33%) voran. Der Henkelkonzern zum Beispiel „bewerte(t) die Risiken in einem zweistufigen Prozess hinsichtlich ihrer Eintrittswahrscheinlichkeit und möglichen Schadenshöhe" und geh(t) von einer Wechselwirkung der Risiken aus."[69]

4.2.4 Aufbau- und Ablauforganisation

Die Ergebnisse für die Unternehmensaufbau- und Ablauforganisation sind sehr zufriedenstellend, da alle Konzerne ein effizientes und effektives Risikomanagementsystem vorweisen können, welches in sämtlichen

---

[67] adidas Geschäftsbericht 2010- S. 159, Z. 102f.
[68] Gleißner, W.: 2007, S.65
[69] Henkel AG & Co. KGaA Geschäftsbericht 2010, S.78, Z.25f, S.82, Z.65f.

Unternehmensprozessen integriert ist und darüber hinaus durch den Einsatz von Risikoverantwortlichen optimiert wird. Spitzenreiter stellt die HUGO BOSS AG mit der Höchstbewertung dar, welche neben dem Einsatz von Risikoverantwortlichen eine Risikomanagementsoftware verwendet, die die Effizienz und Effektivität des Risikomanagementsystems noch zusätzlich erhöht.[70]

4.2.5 Risikosteuerung und –überwachung

Diese Kategorie zeigt Instrumente bzw. Maßnahmen auf, wie Risiken überwacht und kontrolliert werden können.

Die sechs untersuchten Konzerne erhielten in dieser Kategorie alle die gleiche Bewertung (jew. 2 Pkt.). Dies bedeutet, dass die Konzerne bereits jetzt schon ausreichende Instrumente und Maßnahmen zur Risikosteuerung und –überwachung verwenden. Die Henkel AG & Co. KGaA setzt zum Beispiel eine „intranetbasierte Datenbank" ein, welche die Risikomanagementprozesse unterstützt und „eine transparente Kommunikation im Gesamtunternehmen" fördert.[71]

4.3 Informationsqualität der Risikoberichte

4.3.1 Risikokategorien

Der DRS 5.16 verlangt die Kategorisierung von Risiken im Risikobericht. Der Einhaltung dieses Rechnungslegungsstandards kommen die untersuchten Konzerne (sehr) zufriedenstellend nach: die eine Hälfte der Unternehmen erhält eine mittlere Bewertung, während die andere Hälfte, die adidas AG, HUGO BOSS AG und Henkel AG & Co. KGaA, eine Höchstbewertung erzielen (jew. 3 Pkt.).

Die Henkel AG & Co. KGaA nennt als Risikokategorien zum Beispiel Umfeld- und Branchenrisiken,   Beschaffungsmarktrisiken,   Produktionsrisiken,

---

[70] HUGO BOSS AG Geschäftsbericht 2010, S.136, Z.3f.
[71] Geschäftsbericht Henkel AG & Co. KGaA 2010 , S.78, Z.47f.

Informationstechnische Risiken, Personalrisiken, Finanzwirtschaftliche Risiken, Risiken aus Pensionsverpflichtungen, Rechtliche Risiken und Unternehmensstrategische Risiken.[72]

4.3.2 Risikobeschreibung

Gemäß DRS 5.18 sind „die wesentlichen Risiken (…) im Risikobericht aufzuzeigen und bzgl. ihrer Bedeutung bzw. möglicher Konsequenzen für die wirtschaftliche Lage des Unternehmens zu erläutern".[73]

Etwas weniger als drei Viertel der Konzerne (66,67%) erhalten eine mittlere Bewertung, während zwei Konzerne (33,33%), die adidas AG und HUGO BOSS AG, die Höchstbewertung erhalten. Beide beschreiben ausführlich das Risiko und tätigen qualitativ vergleichende Aussagen. Die adidas AG erwähnt, dass die Risiken „trotz des prognostizierten Aufschwungs des weltweiten gesamtwirtschaftlichen Umfelds (…) in Bezug auf Konsumausgaben aufgrund steigender Inflation hoch" sein.[74]

4.3.3 Risikoquantifizierung

Der DRS 5.20 fordert, dass Risiken unter Berücksichtigung von drei Bedingungen quantifiziert werden.[75] In der Risikoquantifizierung werden den potenziellen Unternehmensrisiken eine Risikohöhe, abhängig von der Eintrittswahrscheinlichkeit bzw. Schadenshöhe zugewiesen.

Der Risikoquantifizierung sind die Hälfte der Konzerne nicht nachgekommen (jew. 0 Pkt.). Ein Drittel der Konzerne, hierunter die Henkel AG & Co. KGaA und die PUMA AG, haben sich dieser Forderung angenähert (jew.1 Pkt.). Die Höchstbewertung in dieser Kategorie ist für die adidas AG mit 2 Punkten vergeben worden, da sie mehrere

---

[72] Geschäftsbericht Henkel AG & Co. KGaA, S.79f.
[73] Filipiuk,B.: 2008, S.155 / Gleißner, W.: 2011, S.39
[74] Geschäftsbericht adidas AG 2010, S.163, Z.9f.
[75] Filipiuk,B.: 2008, S.155 / Gleißner, W.: 2011, S.39

Risikohöhen innerhalb einer Kategorie erwähnt „Auf der einen Seite müssen (...)
Bruttorisiken mit einer potenziellen Auswirkung auf den Ergebnisbeitrag von mehr als
50 Mio. Euro (...)" und „(...) Nettorisiken mit einer potenziellen Auswirkung von mehr
als 1 Mio. Euro (gemeldet werden) und die entsprechende Eintrittswahrscheinlichkeit
berichtet (...)."[76]

4.3.4 Risikobewältigung

Die Erwähnung der Risikobewältigungsmaßnahmen wird durch den DRS 5.21 von den
Konzernen in der Berichterstattung verlangt. Dieser Forderung sind alle untersuchten
Konzerne nachgekommen und mit jeweils zwei Punkten ausgezeichnet worden. Die
Douglas Holding AG setzt zum Beispiel zur Bewältigung von technischen Risiken,
welche aus der Abhängigkeit der Verfügbarkeit von technischen Daten entstehen, eine
IT-Sicherheitsinfrastruktur ein, die sich aus „Firewalls" und einem „tagesaktuellen
Virenschutz" zusammensetzt.[77]

4.3.5 Gesamtrisikoposition

Die Darstellung der Gesamtrisikoposition wird von dem DRS 5.15 von den Konzernen
gefordert. Der überwiegende Teil der Konzerne (83,33%) hat diese Forderung nur
bedingt umgesetzt (jew. 1 Pkt.), während die Henkel AG & Co. KGaA sich mit zwei
Punkten stark von den anderen Unternehmen unterscheidet: sie nimmt eine „qualitativ
vergleichende Beschreibung des Gesamtrisikos" vor, indem sie das aktuelle
Gesamtrisiko mit dem „Vorjahresgesamtrisiko" vergleicht.[78]

---

[76] Geschäftsbericht adidas AG 2010, S.160, Z.5f.
[77] Geschäftsbericht Douglas AG 2010, S.59, Z.11f.
[78] Geschäftsbericht Henkel AG & Co. KGaA 2010, S.82, Z.56f.

4.4 Einfluss der Unternehmensgröße

Es stellt sich die Frage, inwiefern sich die Konzerngröße des Risikoberichts auf die Informationsqualität des Risikoberichts auswirken (vgl. 4.3). Als Konzerngröße ist der Umsatz in Mrd. Euro laut Geschäftsbericht je Konzern gewählt worden.[79]

Das umsatzstärkste Unternehmen ist die Henkel AG & Co. KGaA mit 15,092 Mrd. Euro Umsatz, gefolgt von der adidas AG (11,999 Mrd. Euro). Mit weitem Abstand an dritter Stelle steht die Douglas AG (3.320 Mrd. Euro) und die PUMA AG (2.08621 Mrd. Euro). Schlusslicht bilden die HUGO BOSS AG (1.729 Mrd. Euro) und Beiersdorf AG (1.059 Mrd. Euro).

Die adidas AG (11Pkt.) weist die höchste Informationsqualität bzgl. des Risikoberichts auf, knapp hinter ihr folgt die Henkel AG & Co. KGaA mit 10 Punkten. Den dritten Platz nimmt die HUGO BOSS AG (9 Pkt.) ein. Die PUMA AG (8 Pkt.) folgt der HUGO BOSS AG auf viertem Platz. Den letzten Platz teilen sich die Beiersdorf AG und Douglas Holding AG (jew. 7 Pkt.), da sie einen Risikobericht mit sehr niedriger Informationsqualität aufweisen mit durchschnittlich1.4 Punkten pro Kategorie.[80]

Bei Abgleich der Rangfolgen der Konzerngröße mit der Informationsqualität des Risikoberichts ergeben sich folgende Ergebnisse für die Unternehmen: die Henkel AG & Co. KGaA tauscht ihren ersten Platz mit der adidas AG, welche eine bessere Informationsqualität hat. Die Douglas AG sinkt vom dritten auf den fünften Platz, welchen sie sich mit der Beiersdorf AG teilt. Die HUGO BOSS AG steigt um zwei Plätze auf den dritten Platz, gefolgt wird sie von der PUMA AG, welche ihren vierten Platz hält.

Der Veränderung der Unternehmensrangfolge nach zu urteilen, lässt sich nur sehr bedingt eine Korrelation zwischen der Größe des Unternehmens und der Informationsqualität des Risikoberichts herstellen. Überwiegend wird diese Korrelation zwar von der adidas AG, Henkel AG & Co. KGaA, der PUMA AG sowie der Beiersdorf AG bestätigt, die Douglas Holding AG und HUGO BOSS AG hingegen widersprechen jedoch dieser Korrelation.

---

[79] Vgl. Auswertungsschema Risikobericht 2010 das „Arbeitsblatt Systemanalyse" die Spalte „Umsatz laut Geschäftsbericht in Mrd. Euro"
[80] Vgl. Auswertungsschema Risikobericht 2010 das Arbeitsblatt „Systemanalyse" die Spalte „Summe"

4.5 Gemeinsamkeiten & Unterschiede

4.5.1 Konzernvergleich

Die Gemeinsamkeiten im Konzernvergleich bzgl. der Risikoerwähnung im Bericht zeigen sich insofern, als dass alle Konzerne die Strategischen Risiken „Kernaussagen, Prämissen und Konsistenz der Strategie" (S01) und „Geschäftsfeldstruktur"(S02), die Finanziellen Risiken „Risiken aus Beteiligungen" (F06) und „Immobilien" (F07), die Rechtlich/Politische Risiken „Gesellschaftliche Trends", die Corporate Governance Risiken „Risikokultur und Risikokommunikation" (G04) und „Entlohnungs- und Anreizsystem" (G05) sowie die Leistungsrisiken „Kalkulationsrisiken" (L05) nicht aufweisen.

Ebenso scheint das „Pensionsrisiko" (F09) und das Leistungsrisiko „Wertschöpfungskette" (L01) für die Konzerne überwiegend irrelevant für die künftige Unternehmensentwicklung zu sein. Ausnahme stellen bei den Pensionsrisiken die Henkel AG & Co. KGaA (Relevanz 3) und bei der adidas AG das Leistungsrisiko „Wertschöpfungskette" (L01) mit der Relevanz 3 dar.

Bzgl. des Informationsgehalts des Risikoberichts zeigt sich eine starke Gemeinsamkeit bei der „Beschreibung der Bewältigung" und bzgl. des Risikomanagements in der „Steuerung und Überwachung". Beide Kategorien sind in allen Konzernen mit zwei Punkten bewertet worden.

Ein großer Unterschied im Konzernvergleich zeigt sich in der Anzahl der gesamt genannten Risiken. Die HUGO BOSS AG ist hierbei Spitzenreiter mit achtzehn genannten Risiken, gefolgt von der Henkel AG & Co. KGaA (mit 16 Risiken). Mit weitem Abstand folgt die adidas AG (13 Risiken) und die Beiersdorf AG. Schlusslicht bilden die Douglas Holding AG und PUMA AG mit jeweils neun genannten Risiken.

Ebenso zeigen sich starke Unterschiede in der Bewertung des Marktrisikos „Bedrohung von Marktposition und Wettbewerbsvorteilen" (M03) und des Finanzrisikos „Derivate" (F04), bei welchen Relevanzen von 0-4 vergeben worden sind.[81]

---

[81] Vgl. Auswertungsschema Risikobericht 2010 das „Arbeitsblatt Risikofelder"- die Douglas Holding AG und PUMA AG bei dem Risikofeld „Risiko der Bedrohung von Marktposition und Wettbewerbsvorteilen" – Douglas Holding stuft dieses Risiko als gravierendes Risiko (Relevanz 4) ein, während die PUMA AG dieses als irrelevantes Risiko (Relevanz 0) betrachtet.

Ähnlich starke Abweichungen zeigen sich bzgl. der Risikoquantifizierung und - aggregation im Konzernvergleich.[82]

4.5.2 Branchenvergleich

Im Vergleich der Kosmetik- mit der Bekleidungsbranche ergeben sich folgende Gemeinsamkeiten bzw. Unterschiede.[83]

Risikokategorie	Bekleidungsbranche (4)	Kosmetikbranche (5)
Gemeinsamkeiten innerhalb der Branche	Gemeinsamkeiten im Branchenvergleich	
Marktrisiken	„Kernaussagen/Prämissen/Konsistenz der Strategie" Relevanz 0	
	„Geschäftsfeldstruktur" Relevanz 0	
	„Bedrohung kritischer Erfolgsfaktoren und strategischer Ziele" Relevanz 0	---
Finanzrisiken	„Zinsen und Währungen" Relevanz 3	„Wertpapier- und Portfoliorisiken Relevanz 0
	„Risiken aus Beteiligungen" Relevanz 0	
	„Immobilien" Relevanz 0	
Rechtlich/Politische Risiken	„Rechtliches und politisches Umfeld" Relevanz 3	„Rechtliches und politische Umfeld" Relevanz 0
	„Allgemeine Haftpflicht und Bürgschaft" Relevanz 0	„Vertragssicherheit und AGB" Relevanz 0
	„Gesellschaftliche Trends" Relevanz 0	
Corporate Governance Risiken	„Betriebsklima, Motivation e und Führungsstil" Relevanz 0	---
	„Personalrisiken allgemein- Relevanz 3	„Personalrisiken allgemein" Relevanz 0
	Risikokultur und Risikokommunikation Relevanz 0	
	Entlohnungs- und Anreizsystem	

---

[82]Vgl. Auswertungsschema Risikoberichte 2010 das „Arbeitsblatt Systemanalyse" die Kategorien „Quantifizierung des Risikos" und „Aggregation". In beiden Kategorien kommt es zu starken Bewertungsunterschieden von null bis maximal zwei Punkte.

[83] Vgl. Auswertungsschema „Arbeitsblatt Risikofelder" und „Systemanalyse"
Die Risikounterschiede werden nicht separat aufgezeigt, da sich diese aus den Gemeinsamkeiten (s. Tabelle) ergeben: alle nicht aufgeführten Gemeinsamkeiten sind Unterschiede der Branchen.

		Relevanz 0
Leistungsrisiken	---	„Risiken aus Unterstützungsprozessen etc. Relevanz 3
Informationsgehalt Risikobericht	Gesamtrisikoposition 1 Punkt	Beschreibung des Risikos 2 Punkte
		Beschreibung der Bewältigung 2 Punkte
Risikomanagement	---	Strategie/Philosophie/Politik 2 Punkte
		Steuerung und Überwachung 2 Punkte

Abb.17 Gemeinsamkeiten Branchenvergleich 1
Quelle: Eigene Darstellung in Anlehnung an Auswertungsschema Risikoberichte 2010, „Arbeitsblatt Risikofelder" und „Systemanalyse"

5. Diskussion

5.1 Grenzen der Risikoberichterstattung

Zusammenfassend stellt sich folgende Risikoposition der Unternehmen dar, anhand welcher Optimierungspotenziale bzw. Verbesserungsvorschläge für die Konzerne angeführt, aber auch die bisher umgesetzten Standards aufgezeigt werden sollen.

Als sehr positiv zu erwähnen ist die ausführliche Darstellung der Risikopolitik (DRS 5.24) und die hieraus resultierende effektive Aufbau- und Ablauforganisation des Risikomanagements. Alle Unternehmen setzen hierfür Risikoverantwortliche zur Prozesssteuerung ein.

Bei der Risikoanalyse hingegen, welche auch die Beschreibung (DRS 5.18) und Kategorisierung (DRS 5.16) der Risiken impliziert, besteht Aufholungsbedarf für die Unternehmen: alle Konzerne haben zwar Verfahren zur Risikoanalyse eingesetzt, sollten jedoch verstärkt Risikoanalyseinstrumente, wie Planungsabweichungsanalysen, Value at Risk oder Verteilungen (z.B. Dreiecksverteilungen) zur Identifizierung und Bewertung von Risiken verwenden.

Bezüglich der Risikoaggregation, welche die Basis für die Ermittlung der Gesamtrisikoposition (DRS 5.15) darstellt, erwähnen mehr als drei Viertel der Konzerne nicht, wie sie diese Position berechnen. Hier sollten die Konzerne künftig unbedingt ihre Risiken aggregieren und die Wechselwirkungen darstellen, indem sie die Höhe und Eintrittswahrscheinlichkeit der Risiken nennen.

Die Risiken werden bei den sechs untersuchten Konzernen ausreichend überwacht und mittels Risikobewältigungs- und Kontrollinstrumenten, wie z.B. die intranetbasierte Datenbank zur Unterstützung der Risikomanagementprozesse, gesteuert.

Die Zielstellung des DRS 5, eine bessere Kontrolle und Transparenz der Unternehmensführung durch Einführung eines Risikomanagementsystems in den Konzernen zu schaffen, ist nur unbefriedigend von den Konzernen erreicht worden. Die Risikopolitik, die Aufbau- und Ablauforganisation sowie die Risikosteuerung und – überwachung werden in den Konzernen zwar schon angemessen umgesetzt, es mangelt jedoch stark an der Durchführung der Risikoaggregation und somit an einer angemessenen Nennung der Gesamtrisikoposition seitens der Konzerne in der Berichterstattung. Die Gesamtrisikoposition dient als „zentrale Informationsbasis" und ist daher essentiell für die „weitere Verarbeitung der Risikoinformationen im Unternehmen" und stellt somit den „Schlüssel" für ein gutes Risikomanagement dar.[84]

Zusammenfassend lässt sich somit sagen, dass die Forderung des Gesetzgebers nach einer guten Unternehmensführung („Corporate Governance") von den Konzernen nicht erfüllt wird und deshalb ein akuter Aufholungsbedarf für diese besteht.

5.2 Kritische Reflexion der Methodik

Die angewandte Methode wird bzgl. des Aspekts der „Subjektivität" hinterfragt.

Jeder Bewertende eines Risikoberichts unterliegt Subjektivität bei der Auswertung.[85] Um diese Subjektivität zu verringern und sich einer objektiveren Auswertung anzunähern, sind bei den Auswertungsschemata[86] sogenannte Kodierregeln verwendet worden.

---

[84] Berger, T./ Gleißner, W.: 2007, S.67
[85] Mruck, K./ Mey, G. (08.02.2013),
http://www.qualitativeforschung.de/netzwerkstatt/arbeitsgruppen/grundlagen/pw.pdf
[86] Vgl. Auswertungsschema Risikobericht 2010 das „Arbeitsblatt Scoring"

Trotz Einsatz von Kodierregeln ist es bei der Auswertung zu zum Teil subjektiver Kategorienbewertung gekommen, wenn zum Beispiel Textstellen gefunden worden sind, welche nicht mittels der Kodierregeln codiert werden konnten. Zum Beispiel ist der adidas Konzern „dem **Risiko möglicher Produktmängel** ausgesetzt, die (…) dem Ansehen (seiner) Produkte auf dem Markt schaden können." und „Aus diesem Grund sind die **Risiken** durch steigende Einstandskosten gegenüber dem Jahresende 2009 **beträchtlich** gestiegen."[87] Ebenso „Das **Forderungsausfallrisiko** ist für die DOUGLAS-Gruppe nur von **geringer Relevanz**."[88]

Bei diesen Beispielen ist nicht klar, mit welcher Relevanz sie bewertet werden sollen, da in Anlehnung an die Kodierregeln nur die Rede von „(Produktmängel-)Risiken" (Relevanz „3", nicht aber „Risiken **möglicher** Produktmängel"), von „wesentlichen Risiken" (Relevanz „4", nicht aber von „**beträchtlichen** Risiken") und von Risiken „ohne Bedeutung" (Relevanz „1", nicht aber „Risiken **geringer** Relevanz) die Rede ist.

Die Bewertende hat in diesem Fall die Kodierregeln bzw. ihren Interpretationsspielraum etwas „ausgedehnt" und um ihres Erachtens fehlende „Zitate" erweitert. Das Beispiel mit „geringer (Risiko-)Relevanz" ist mit der Relevanz „2" bewertet worden als Risiko zwischen der Relevanz „1" („ohne Bedeutung) und Relevanz „3" („Nennung eines Risikos"). Die Paraphrase „Risiko von **geringer Bedeutung**" sollte daher als Kodierregel für die Relevanz „2" zusätzlich im Auswertungsschema „Scoring Risikobericht Relevanzen" aufgenommen werden.

Als weitere Problematik bei der Zuordnung der Textstellen zu den Kategorien wird die aus Sicht des Bewertenden fehlende Relevanz „0" betrachtet. Diese Problematik hat sich aus der Einteilung folgender Textstelle ergeben „Im Rahmen der Neueröffnung der einzelnen Einzelhandelsaktivitäten eröffnen adidas, Reebok und Rockport neue Geschäfte." „Dabei sind **beträchtliche Investitionen** (…) erforderlich."[89] Hier stellt sich nun die Frage, ob die „beträchtlichen Investitionen" überhaupt ein Risiko für das Unternehmen darstellen?!

Die Verfasserin ist der Ansicht, dass diese eventuell ein Risiko der Relevanz 3 darstellen könnten, da für die Bewertung des Risikos mit der Relevanz 3 aber die „Nennung des Risikos" erforderlich und dieses nur indirekt der Fall ist, ist diese

---

[87] Geschäftsbericht adidas 2010, S.163,Z.63f., S.165,Z.10f.
[88] DOUGLAS HOLDING Geschäftsbericht 2010, S.59, Z.2f.
[89] Geschäftsbericht adidas 2010, S.162, Z.153f.

Textselle mit der Relevanz 0 bewertet worden. Das Auswertungsschema „Scoring Risikobericht Relevanzen" sollte daher um die Relevanz 0 mit der Kodierregel „nicht im (Risiko-)bericht (explizit!) erwähntes Risiko" erweitert werden.

6. Schlusswort

„Teil einer guten Unternehmensführung ist ein leistungsfähiges Risikomanagementsystem, das Unternehmen hilft, Risiken frühzeitig zu erkennen und die Gesamtrisikoposition zu ermitteln."[90] Die Gesamtrisikoposition soll von den Konzernen dargestellt werden, um den Adressaten „entscheidungsrelevante und verlässliche Informationen" über die Risiken der künftigen Unternehmensentwicklung im Risikobericht zu bieten. Diese obligatorische Risikodarstellung wird von dem DRS 5.2 von den Konzernen bei der Berichterstattung gefordert.[91]

Laut den Ergebnissen zum Informationsgehalt der Risikoberichte (vgl. 4.3) findet zwar eine insgesamt sehr befriedigende Risikokategorisierung (DRS 5.16) und -beschreibung (DRS 5.18) sowie Risikobewältigung (DRS 5.21) seitens der Konzerne statt, es besteht jedoch weiterhin erheblicher Aufholungsbedarf bzgl. der Risikoquantifizierung (DRS 5.20) und der Darstellung der Gesamtrisikoposition (DRS 5.15) für die Unternehmen.

Zusammenfassend lässt sich daher feststellen, dass die Konzerne nur zum Teil den Forderungen des DRS 5 in der Konzernrechnungslegung nachgekommen sind, es aber immer noch an einer angemessenen Risikoquantifizierung und Darstellung der Gesamtrisikoposition mangelt.

Das Ziel des DRS 5, den Adressaten des Konzernlageberichts „entscheidungsrelevante Informationen über die Risiken der künftigen Unternehmensentwicklung" zu vermitteln, ist bis zum Jahr 2011 noch nicht erreicht worden und die Konzerne werden daher künftig einem erheblichen Aufholungsbedarf unterliegen.[92]

---

[90] Berger, T./ Gleißner, W.: 2007, S.67
[91] Filipiuk, B.: 2008, S.155/ Gleißner, W.: 2011, S.39
[92] Filipiuk, B.: 2008, S.155 / Gleißner, W.: 2011, S.39

Glossar

Bestandsgefährdende Risiken	Dieses sind Risiken, welche die Unternehmensexistenz gefährden und bei Eintritt zu Überschuldung bzw. Illiquidität führen können.
Bruttorisikowert bzw. Nettorisikowert	Der Bruttorisikowert berücksichtigt keine risikomindernden Maßnahmen, der Nettorisikowert hingegen berücksichtigt die hierfür anfallenden Kosten in der Berechnung
Corporate Governance	Ist die gute und verantwortungsvolle Geschäftsführung
Gesamtschuldner bzw. Gesamtschuldnerische Haftung	„Schulden mehrere eine Leistung in der Weise, dass jeder die ganze Leistung zu bewirken verpflichtet, der Gläubiger aber die Leistung nur einmal zu fordern berechtigt ist (Gesamtschuldner), so kann der Gläubiger die Leistung nach seinem Belieben von jedem der Schuldner ganz oder zu einem Teil fordern. Bis zur Bewirkung der ganzen Leistung bleiben sämtliche Schuldner verpflichtet."
HDAX	HDAX ist ein branchenübergreifender Index und komprimiert alle 110 Werte des DAX, MDAX, TecDAX
Lagebericht	„Der Lagebericht (§ 298 Abs.1 HBG) gibt Auskunft über den Geschäftsverlauf und die Lage der Kapitalgesellschaft, welche in „einem den tatsächlichen Verhältnissen entsprechendem Bild" dargestellt werden sollen."
Risikoaggregation	„Verdichtung der Einzelrisiken mittels Monte-Carlo-Simulation, um die Gesamtrisikoposition des Unternehmens bestimmen zu können und die Ermittlung der Bedeutung von Einzelrisiken auf die Gesamtrisikoposition"
Szenarioanalysen und -simulationen	Die Szenarioanalyse bzw. -simulation simuliert Umweltszenarien, in welche das Unternehmen geraten kann

Anhang

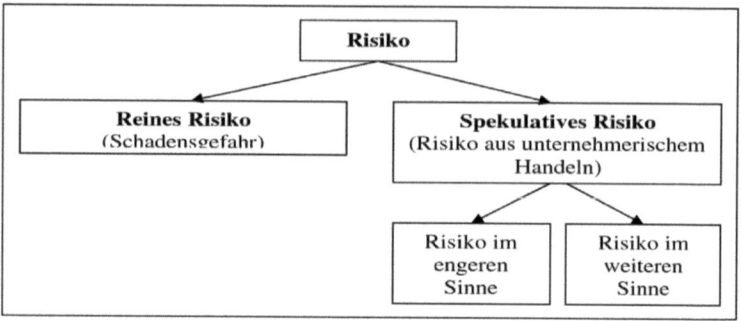

Abb.1 Risikobegriff 1

Quelle: Bitz, H.: 2000, S.15

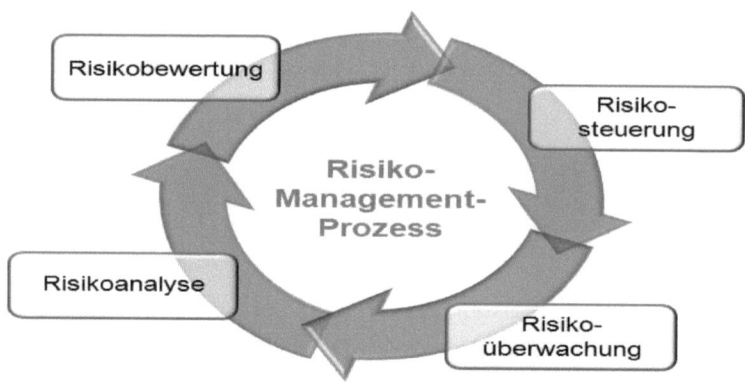

Abb.2 Risikomanagementprozess 1

Quelle: Schroeder, A.: (06.02.2013), https://axel-schroeder.de/wp-content/uploads/2010/10/Risikomanagement_Prozess_Kreislauf.png / axel schroeder/ 2010-2013

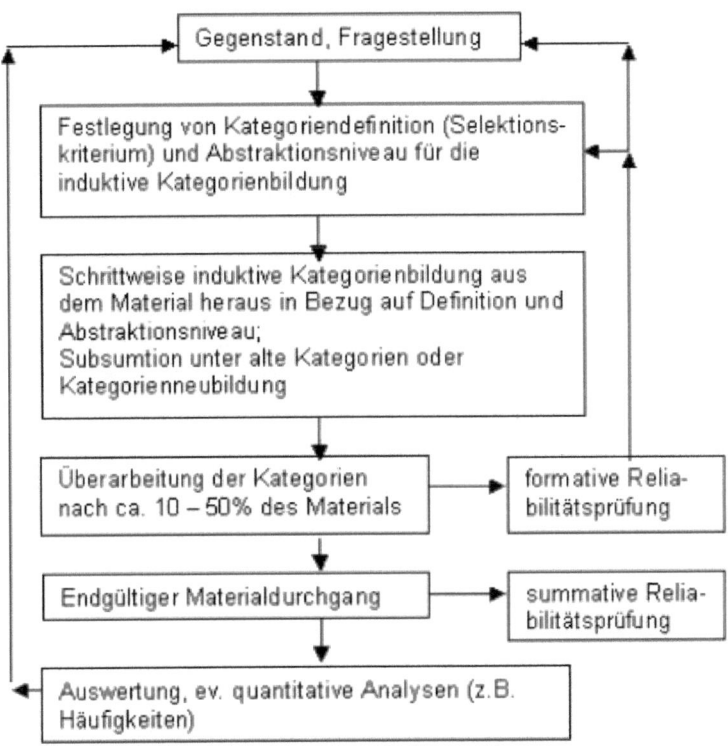

Abb.3 Modell induktive Kategorienbildung 1

Quelle: FQS. (Juni 2000),
http://www.google.de/imgres?q=Qualitative+Inhaltsanalyse.+Grundlagen+und+Techniken+(7.+Auflage,
+erste+Auflage+1983).+Weinheim+2000&um=1&hl=de&tbo=d&biw=1218&bih=939&tbm=isch&tbnid
=w-w80fNwwdvMlM:&imgrefurl=http://www.qualitative-
research.net/index.php/fqs/rt/printerFriendly/1089/2383&docid=bEtxgUz8UDIABM&imgurl=http://ww
w.qualitativeresearch.net/index.php/fqs/article/viewFile/1089/2383/3449&w=433&h=434&ei=rxQWUY-
RDoTItAbKx4HQBQ&zoom=1&iact=hc&vpx=111&vpy=108&dur=4196&hovh=225&hovw=224&tx=
96&ty=123&sig=110103113080456205298&page=1&tbnh=133&tbnw=132&start=0&ndsp=38&ved=1t:
429,r:1,s:0,i:82

38

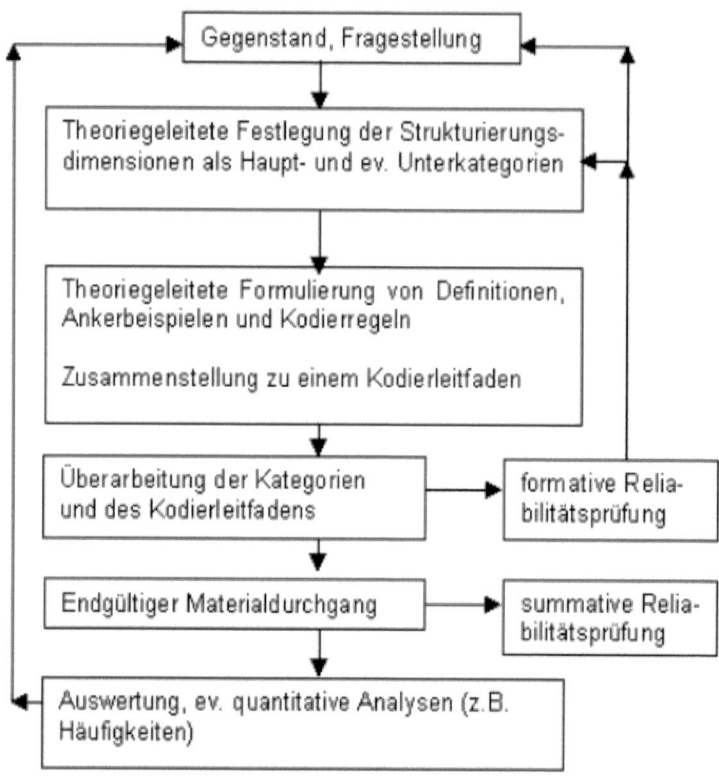

Abb.4 Modell deduktive Kategorienbildung 1

Quelle: FQS. (Juni 2000),
http://www.google.de/imgres?q=Qualitative+Inhaltsanalyse.+Grundlagen+und+Techniken+(7.+Auflage,
+erste+Auflage+1983).+Weinheim+2000&um=1&hl=de&tbo=d&biw=1218&bih=939&tbm=isch&tbnid
=w-w80fNwwdvMlM:&imgrefurl=http://www.qualitative-
research.net/index.php/fqs/rt/printerFriendly/1089/2383&docid=bEtxgUz8UDIABM&imgurl=http://ww
w.qualitative-
research.net/index.php/fqs/article/viewFile/1089/2383/3449&w=433&h=434&ei=rxQWUY-
RDoTItAbKx4HQBQ&zoom=1&iact=hc&vpx=111&vpy=108&dur=4196&hovh=225&hovw=224&tx=
96&ty=123&sig=110103113080456205298&page=1&tbnh=133&tbnw=132&start=0&ndsp=38&ved=1t:
429,r:1,s:0,i:82

Technologische Risiken (Geschäftsrisiken)

- Wissensdefizit: Ist Ihr Unternehmen stark anhängig vom technologischen Wandel?
- Besteht die Gefahr der "Überalterung" des Wissens?
- Gibt es neue Prozesse in der Produktion?
- Wie hoch sind die Stillstandszeiten?
- Ist der Produktionsprozess anfällig gegen Systemausfälle?
- et cetera

Leistungswirtschaftliche Risiken (Geschäftsrisiken)

- Beschaffungsseite: Besteht eine Abhängigkeit gegenüber wenigen Lieferanten (single sourcing)?
- Gibt es Substitutionsmöglichkeiten auf der Beschaffungsseite?
- Haben Sie Probleme mit Qualitätsschwankungen bei den Inputfaktoren?
- Haben Sie Probleme mit Qualitätsschwankungen bei den Outputfaktoren?
- Wie hoch ist die Fehlerhäufigkeit? Kommt es aufgrund falscher Planung / Abstimmung häufig zu Terminverschiebungen von Projekten / Aufträgen?
- Arbeiten Sie prozessorientiert?
- Wie erfolgt die Abstimmung zwischen den einzelnen Funktionen?
- Forschung und Entwicklung: Ist das Unternehmen verstärkt einem technologischen Wandel ausgesetzt(beispielsweise IT Industrie)?
- et cetera

Finanzwirtschaftliche Risiken (Geschäftsrisiken)

- Wie hoch sind die Forderungausfälle?
- Werden die vereinbarten Zahlungsziele von den Kunden eingehalten?
- Sind liquide Mittel / Sicherheiten in ausreichendem Umfang vorhanden?
- Sind Finanzierungsspielräume vorhanden?
- Setzt Ihr Unternehmen derivative Finanzinstrumente ein?
- Ist Ihr Unternehmen stark von schwankenden Marktpreisen abhängig?
- et cetera

Corporate Governance (Geschäftsrisiken)

- Haben Sie Probleme bei der Beschaffung von qualifiziertem Personal?
- Wie hoch sind die Fluktuationsraten?
- Haben Sie einen Standortnachteil?
- Beobachten Sie Motivations- und Integritätslücken im Unternehmen?
- Wie hoch sind Fehlzeiten / Krankheitstage p.a.?
- Haben Sie eine Teamkultur im Unternehmen?
- Wie würden Sie den Führungsstil im Unternehmen charakterisieren? (Autokratischer, Autoritärer, Bürokratischer, Demokratischer, Formeller, Kooperativer, Laissez-faire, Liberalistischer, Patriarchalischer, Charismatischer Führungsstil)
- Versuchen Sie die Stärken und Schwächen der Unternehmenskultur hinsichtlich Kunden-, Mitarbeiter-, Innovations-, Qualitäts-, Resultats- und Leistungsorientierung aufzuführen.

- Würden Sie die Unternehmenskultur Ihres Unternehmens als "Autopilot" für die implizite Lenkung der Mitarbeiter ansehen?
- et cetera

Soziale Risiken (Geschäftsrisiken)

- Wurde das Unternehmen bereits mit Handelsbeschränkungen konfrontiert?
- Besteht im Konzern die Gefahr eines Streiks / Aufruhr (Niederlassungen im Ausland?) / Sabotage / Terrorismus?
- Sind bei Ihnen Fälle von Untreue / fahrlässigem Verhalten bekannt?
- et cetera

Naturereignisse (Externe Risiken)

- Haben Sie eine Niederlassung / Produktionsstätte in einem erdbebengefährdeten Gebiet?
- Haben Sie eine Niederlassung / Produktionsstätte in einem überflutungsgefährdeten Gebiet?
- Haben Sie eine Niederlassung / Produktionsstätte in einem sturmgefährdeten / wirbelsturmgefährdeten Gebiet?
- et cetera

Soziale Risiken (Externe Risiken)

- Kennen Sie Fälle von Einbruchdiebstahl / Raub in Ihrem Unternehmen?
- Besteht die Gefahr von Sabotage?
- et cetera

Politische Risiken (Externe Risiken)

- Haben Sie eine Niederlassung / Produktionsstätte in einem Kriegsgebiet / kriegsgefährdeten Gebiet?
- Unterliegt das Unternehmen häufigen Änderungen der rechtlichen Regelwerke und Bestimmungen?
- Besteht die Gefahr von Verstaatlichungen?
- Besteht die Gefahr eines Putsches?
- et cetera

Technische Risiken (Externe Risiken)

- Besteht ein erhöhtes Brandrisiko (hohe Brandlast)?
- Besteht ein erhöhtes Explosionsrisiko?
- Existiert in Ihrer Produktion ein Engpassfaktor (Maschine etc.)?
- Besteht ein erhöhtes Einsturzrisiko?
- Haben Sie vermehrt Transportschäden?
- et cetera

Persönliche Risiken (Externe Risiken)

- Wieviele meldepflichtige (BG) Unfälle haben Sie p.a. registriert?
- Gibt es durch Unfall verursachte Todesfälle?

Abb.5 Beispiele für einzelne Risikoarten 1
Quelle: RiskNet (08.02.2013), http://www.risknet.de/wissen/grundlagen/risikokategorien/

Abb.6 Codierungstabellen 1

Abb. 7 Codiertabelle adidas 2010 1

Zitiert aus: Geschäftsbericht 2010.Fit for the future.(07.02.2013),http://adidas-group.corporate publications.com/2010/gb/files/pdf/de/ADS_GB_2010_De.pdf (07.02.2013)

Seite	Zeile	Nr.	Bewertungskategorie	Textstelle	Anmerkung/ Relevanzen/ Punkte
			Sonstiges		
244			Seitenzahlen Geschäftsbericht	244 Seiten	
158			Seitenzahlen Risikobericht	13 Seiten	S.158 - S.173
133			Umsatz laut Geschäftsbericht in Mrd. Euro	11,990 Mrd. Euro	
138			Gewinn nach Steuern laut Geschäftsbericht in Mrd. Euro	???	Gewinn VOR Steuer wird nur ausgewiesen
140			Eigenkapitalquote	43,50% - Gesamtes Eigenkapital in Prozent angegeben	
35			Marktkapitalisierung in Mrd. Euro	10,229 Mrd. Euro	zum Jahresende
34			Free-Float-Anteil	100%	
			Letzter Kurs im Jahr des Geschäftsberichts	???	Höchst- und Tiefkurse werden nur ausgewiesen (S.35)
			Branche	4 – Consumer Discretionary Sector	s. Excel-Tabelle
			Risikofelder		
			Strategische Risiken		
		S01	Kernaussagen, Prämissen und Konsistenz der Strategie		
		S02	Geschäftsfeldstruktur		0
		S03	Bedrohung kritischer Erfolgsfaktoren und strategischer Ziele		0
					0

Seite	Zeile	Nr.	Bewertungskategorie	Textstelle	Anmerkung/ Relevanzen/ Punkte
170	78ff.	M01	**Marktrisiken** Markttrends: Chancen und Gefahren	Einst nur als Problem der wohlhabenden Nationen betrachtet, wird die Fettleibigkeit jetzt auch in Ländern mit geringerem Pro-Kopf-Einkommen zu einem ernsthaften Problem. (...) Da wir insbesondere in für Gewichtsreduktion geeigneten Disziplinen wie Ausdauertraining, Laufen und Schwimmen über eine starke Marktposition verfügen, gehen wir davon aus, dass wir von diesem Trend profitieren werden.	Chance 0
170	116f.	M01		Wir schätzen den weltweiten Sport-Lifestyle-Markt als mindestens dreimal so groß ein wie den Performance Markt. Damit eröffnen sich unserem Konzern und unseren Marken, die in diesem Markt bereits sehr gut positioniert sind, zusätzliche Chancen.	Chance 0
171	10f.	M01		Der Anstieg der Beschäftigung und der realen Ein-kommen sowie eine wachsende Mittelklasse geben diesen Volkswirtschaften und damit auch unserer Branche neue Impulse. Die sportliche Betätigung in Ländern wie China und Indien war in der Vergangen-heit niedriger als in den Industrienationen, wird ab er unseren Erwartungen zufolge in Zukunft steigen.	Chance 0
171	34f.	M01		Unseres Erachtens ist der Sportartikelmarkt für Frauen eines der attraktivsten Segmente unserer Branche. Schuhe für Frauen machen mehr als ein Drittel des Umsatzes bei Sportschuhen aus.	Chance 0
171	91f.	M01		Konsumenten machen sich heute zunehmend Gedanken über die Auswirkung ihres Konsumverhaltens auf die Umwelt. Daher wächst die Nachfrage nach umweltfreundlichen Produkten. Insbesondere konzentrierten wir uns auf den weiteren Ausbau des adidas „Better Place"-Programms, dessen erste Produkte 2009 weltweit eingeführt wurden. Bei diesem Programm achten wir bei der Produkt- und Verpackungsgestaltung ganz besonders auf die Einhaltung von Nachhaltigkeitsprinzipien.	Chance 0
172	3f.	M01		Die Fortschritte im Bereich der sozialen Medien bieten wesentliche Chancen für unsere Marken. So können wir öfter mit Konsument in Kontakt treten und einfacher dauerhafte Beziehungen und Markentreue aufbauen. (...) Dadurch schaffen wir ein weitaus intensiveres Markenerlebnis, das vor allem die jüngere Generation anspricht.	Chance 0

Seite	Zeile	Nr.	Bewertungskategorie	Textstelle	Anmerkung/ Relevanzen/ Punkte
171	59f.	M01		Die Nachfrage nach Funktionsbekleidung hat sich in den letzten Jahren verstärkt, weil die Konsumenten die Vorteile dieser Bekleidung gegenüber traditioneller Sportbekleidung aus Baumwolle erkannt haben. (...) Unsere Ressourcen und unsere Führungsposition ermöglichen es uns, kontinuierlich innovative Produkte zu entwickeln und daraus Nutzen zu ziehen.	Chance 0
172	64f.	M01		Durch unseren Mehrmarken-Ansatz können wir die Stärke unserer Marken präziser und sinnvoller nutzen. Dabei können wir die kombinierte Kraft aller Marken einsetzen, um Marktanteile hinzuzugewinnen und ein breiteres Spektrum von Käuferschichten, Konsumentenbedürfnissen und Preissegmenten abzudecken.	Chance 0
172	77f. 90f.	M01		Konsumenten erwarten heute mehr als nur ein breites Produktangebot. Sie suchen individuelle Auswahl und Vielfalt. Zu den wichtigsten Konzepten bei adidas zählen mi adidas, miTeam und miCoach. miCoach zum Beispiel ist ein Personalisierungskonzept, das Produkttechnologien mit einer intelligenten Web-Plattform verbindet. es bietet Konsumenten ein persönliches Trainingssystem mit Audio-Feedback in Echtzeit.	Chance 0
173	5f.	M01		Konsumenten wollen sich zunehmend mit Marken identifizieren. Wir passen unseren Vertrieb deshalb fortlaufend weiter an und haben Initiativen in Bezug auf uns selbst kontrollierte Verkaufsflächen zur strategischen Priorität gemacht.	Chance 0
162	27f.	M02	Marktaktivität und Wettbewerbskräfte	Der adidas Konzern **ist Risiken aus der Konsolidierung von Märkten** sowie aus **strategischen Allianzen zwischen Wettbewerbern** und / oder Einzelhändlern ausgesetzt. Diese können zu einer Reduzierung unserer Verhandlungsmacht und zu schädlichem Wettbewerbsverhalten wie z.B. Preisschlachten bei Einzelhändlern führen. Ungewöhnliche Preisreduzierungen und weniger zugewiesene Regalfläche bei Einzelhändlern sind typische potenzielle Auswirkungen dieser Risiken. So kann ein anhaltend wettbewerbsintensives Umfeld in einem für den Konzern wichtigen Markt die Entwicklung von Umsatz und Profitabilität **gefährden**. (mittleres R.)	3 („4" wäre aber evtl. auch möglich wegen der Begrifflichkeit „gefährden"→ Risiko hoher Bedeutung)

Seite	Zeile	Nr.	Bewertungskategorie	Textstelle	Anmerkung/ Relevanzen/ Punkte
163	162f.	M02		**Kundenrisiken** entstehen aufgrund unserer Abhängigkeit von wichtigen Kunden Key Accounts), die in der Lage sind, ihre Verhandlungsmacht auszunutzen. Diese **Risiken** ergeben sich nicht nur aufgrund der relativen Größe einiger unserer wichtigsten Kunden, sondern auch unserer begrenzten Möglichkeiten, auf ihr Geschäft einzuwirken. (mittleres Risiko).	3
166	20f.	M02		Um die Auswirkungen der Produktion und des Vertriebs unserer Produkte aus die Umwelt zu minimieren, hat der adidas Konzern im Jahr 2010 seir erste allumfassende Umweltstrategie erarbeitet (2015). Diese Strategie setzt auf einen ganzheitlichen Ansatz in Bezug auf ökologische Fragen wie z.B. den nachhaltigen Einsatz von Ressourcen, Klimaschutz, Emissionen in Gewässern und Luft, Abfallbehandlung sowie gefährliche Substanzen. (...) Wir sehen derzeit **nur in Einzelfällen konkrete Risiken** von Verfehlungen im Sozial- und Umweltbereich, und schätzen daher deren Eintrittswahrscheinlichkeit als unwahrscheinlich ein.	3
161	44f.	M03	Bedrohung von Marktposition und Wettbewerbsvorteilen	Das Versäumnis, Veränderungen in der Konsumentennachfrage nach Sportartikeln vorauszusehen und entsprechend zu reagieren, stellt eine der **ernsthaftesten Bedrohungen** für unsere Branche dar. (...) Da die durchschnittlichen Produktentwicklungszyklen in unserer Branche bei 12-18 Monaten liegen, besteht für den adidas Konzern das **Risiko eines kurzfristigen Umsatzverlusts**, wenn wir nicht in der Lage sind, schnell auf solche Veränderungen zu reagieren.	3
162	108f.	M03		Wenn die Marken des adidas Konzerns nicht genügend Marketingressourcen bereitstellen, um unsere Promotion-Partnerschaften und Markenkampagnen nachhaltig zu nutzen, besteht darüber hinaus das **Risiko, dass wir Aufmerksamkeit und Attraktivität einbüßen.**	3
164	97f.	M03		Für den adidas Konzern besteht das **Risiko**, wichtige Partnerschaften zu verlieren oder aufgrund des stärkeren Wettbewerbs um attraktive Verträge unvorteilhafte Bedingungen akzeptieren zu müssen.	3

Seite	Zeile	Nr.	Bewertungskategorie	Textstelle	Anmerkung/ Relevanzen/ Punkte
161	7f.	M04	Konjunkturelle Absatzmengen- und Absatzpreisschwankungen	Plötzliche konjunkturelle Rückgänge oder gesellschaftspolitische Faktoren wie z.B. Bürgerunruhen, Verstaatlichung oder Enteignung besonders in Regionen, in denen der Konzern stark vertreten ist, stellen daher ein **bedeutendes kurzfristiges Risiko** für die Umsatzentwicklung dar.	3
163	28f.	M05	Beschaffungsmarkt	Rohstoff- und Lohnkosten machen etwa 70% der Umsatzkosten des Konzerns aus. Vor allem Materialien wie Gummi, Baumwolle, Polyester sowie Rohstoffe, deren Preis eng mit dem Ölpreis korreliert, unterliegen dem **Risiko von Preisschwankungen**. (…) Aufgrund des deutlichen weltweiten Konjunkturaufschwungs sind die Rohstoffkosten im Vorjahresvergleich erheblich gestiegen. Hierdurch erwarten wir eine	4 wegen der Begrifflichkeit „beträchtliches" Risiko
	63f.			negative Auswirkung auf unsere Beschaffungskosten im Jahr 2011. (…) Aus diesem Grund sind die **Risiken** durch steigende Einstandskosten ggü. dem Jahresende 2009 **beträchtlich** gestiegen.	
164	57f.	M05		Der adidas Konzern ist insbesondere **Risiken im Zusammenhang mit plötzlich verschärften Einfuhrbeschränkungen sowie Einfuhrzöllen und –abgaben** ausgesetzt. Diese Risiken könnten den freien Warenverkehr innerhalb des Konzerns und von Zulieferbetrieben zum Konzern beeinträchtigen. (wahrscheinliches Risiko)	3
			Finanzrisiken		
167	134f.	F01	Finanzielle Stabilität und Liquidität	**Liquiditätsrisiken** ergeben sich aus einem eventuellen Mängeln an Mitteln, um fällige Verbindlichkeiten in Bezug auf Fristigkeit, Volumina und Währungsstruktur bedienen zu können. Der adidas Konzern sieht sich außerdem dem **Risiko** ausgesetzt, aufgrund von Liquiditätsengpässen ungünstige Finanzierungskonditionen akzeptieren zu müssen.	3

Seite	Zeile	Nr.	Textstelle	Anmerkung/Relevanzen/Punkte
168	51f.	F02	Zinsen und Währungen	3
169	12f.		Der adidas Konzern ist **Währungsrisiken** ausgesetzt, da Cashflows in vielen verschiedenen Währungen anfallen. **Risiken** entstehen insbesondere aus der Tatsache, Beschaffung und Verkauf unserer Produkte in unterschiedlichen Währungen in ungleicher Höhe anfallen.(...) zu besseren Darstellung der gegenwärtigen Struktur unserer Währungsrisiken haben wir eine Sensitivitätsanalyse für EUR/JPY erstellt. (...) Der Konzern unterhält ein zentralisiertes System für das Management von Währungsrisiken. Damit sichern wir den Währungsbedarf für das geplante Beschaffungsvolumen auf rollierender Basis 12-24 Monate im Voraus ab. (...) Dank unserer starken globalen Position können wir das Währungsrisiko weitgehend durch **natürliche Absicherungen** minimieren.	
Seite	**Zeile**	**Nr.**	**Bewertungskategorie**	**Anmerkung/ Relevanzen/ Punkte**
169	74f.	F04	Veränderungen der Marktzinsen weltweit wirken sich auf zukünftige Zinszahlungen für variabel verzinsliche Verbindlichkeiten aus. Wesentliche Zinssatzsteigerungen können daher Profitabilität, Liquidität und die Finanzlage des Konzerns beeinträchtigen. (...) Zur **Senkung der Zinsrisiken** und Sicherung seiner finanziellen Flexibilität verfolgt der Konzern im Rahmen seiner Finanzstrategie das zentrale Ziel, den überschüssigen Cashflow aus der betrieblichen Tätigkeit weiterhin zur Reduzierung der Nettoverbindlichkeiten einzusetzen.	3
167	91f.	F03	Wertpapier- und Portfoliorisiken	0
		F04	Derivate — Zusätzlich werden die Credit Default Swap-Prämien unserer Partnerbanken wöchentlich überprüft. Wird eine definierte Schwelle überschritten, werden die Kreditsummen aus Banken übertragen, die innerhalb des Limits liegen. Im Verlauf des Jahres 2010 wurden die Credit-Default-Prämien bei zahlreichen Banken weiter gesenkt, nachdem sie als Folge der Börsenturbulenzen 2008 ihren Höchststand erreicht hatten. Diese Entwicklung deutet auf einen **leichten Rückgang** bei den damit verbundenen Risiken hin.(mögliches Risiko).	3

Seite	Zeile	Nr.	Bewertungskategorie	Textstelle	Anmerkung/ Relevanzen/ Punkte
169	36f.	F03		Das Exposure wurde mit **Devisentermingeschäften, Währungsoptionen und Währungs-Swaps abgesichert.** Gemäß den Treasury-Grundsätzen des Konzerns können wir Hedging-Instrumente wie Währungsoptionen oder Kombinationen von Optionen einsetzen, die **Schutz und gleichzeitig das Potenzial bieten, von künftigen günstigen Wechselkursrisiken an den Finanzmärkten zu profitieren.**(…) Infolgedessen hat sich das Währungsrisiko erhöht.	4
166	169f.	F05	Bonitäts- und Adressausfallrisiken	Der adidas Konzern ist diesem **Risiko** infolge seiner laufenden Geschäftstätigkeit und bestimmter Finanzierungsaktivitäten ausgesetzt. (…) Ende 2010 gab es keine relevante Anhäufung des Ausfallrisikos nach Kundentyp oder Region. Unser Ausfallrisiko wird vielmehr durch individuelle Kundenmerkmale beeinflusst. Gemäß den Kreditrichtlinien des Konzerns werden neue Kunden auf ihre Bonität geprüft, bevor wir ihnen unsere regulären Zahlungs- und Lieferbedingungen anbieten. Außerdem definieren wir Forderungsobergrenzen, die wir gegenüber einzelnen Kunden zugestehen.	3
		F06	Risiken aus Beteiligungen		0
162	165f.	F07	Immobilien	Darüber hinaus erfordern eigene Einzelhandelsgeschäfte oftmals längerfristige Mietverpflichtungen und einen deutlich höheren Personalaufwand im Verhältnis zum Umsatz als in unserem Großhandelssegment. (…) Wir reduzieren dieses **Risiko**, indem wir nur Mietverträge mit einer Dauer von weniger als zehn Jahren abschließen.	0
162	153f.	F08	Investitionen und Finanzierung	Im Rahmen der Neueröffnung der einzelnen Einzelhandelsaktivitäten eröffnen adidas, Reebok und Rockport neue Geschäfte. Dabei sind **beträchtliche Investitionen** sowohl vorab in Geschäftsausstattung und – einrichtung als auch in die laufende Instandhaltung erforderlich.	0 Da hier nicht die Rede von einem „Risiko" ist
		F09	Pensionsrisiken		0

Seite	Zeile	Nr.	Bewertungskategorie	Textstelle	Anmerkung/ Relevanzen/ Punkte
			Politische und Rechtliche Risiken		
161	4f.	R01	Rechtliches und politisches Umfeld	Plötzliche konjunkturelle Rückgänge oder gesellschaftspolitische Faktoren, wie z.B. Bürgerunruhen, Verstaatlichung oder Enteignung, besonders in Regionen, in denen der Konzern stark vertreten ist, stellen daher ein **bedeutendes kurzfristiges Risiko** für die Umsatzentwicklung dar.	3
		R02	Gesellschaftliche Trends		0
163	89f.	R03	Allgemeine Haftpflicht und Bürgschaft	Darüber hinaus haben wir uns gegen das **Risiko von Geschäftsausfällen** durch materielle Schädigungen von Betriebsgeländen und Gebäuden unserer Lieferanten **versichert.**	0
165	101f. 128f.	R04	Produkthaftung	Der adidas Konzern ist dem **Risiko möglicher Produktmängel** ausgesetzt, die zu Verletzungen bei Konsumenten führen bzw. dem Ansehen unserer Produkte auf dem Markt schaden können. (…) Dazu führen die Teams intensive Qualitätskontrollen vor der Produktion durch, arbeiten während des Produktionsvorgangs eng mit den Zulieferern zusammen, nehmen Zufallskontrollen nach der Lieferung an den Einzelhändler vor, kommunizieren Produktmängel offen und sorgen, wenn notwendig, für eine zügige Regulierung bei Produkthaftungs-ansprüchen.(mögliches Risiko) Da wir gegen bedeutende Produkthaftungsfälle **versichert sind,** schätzen wir die potenziellen finanziellen Auswirkungen als moderat ein.	0
164	121f.	R05	Vertragssicherheit und AGB	Darüber hinaus umfassen unsere Verträge in der Regel „Change-of-Control"-Klauseln und nicht monetäre Vergütungsbestandteile. So vermeiden wir das **Risiko,** dass sich Verhandlungen allein um den Preis drehen.(…) Aufgrund der Laufzeit unserer Verträge sehen wir das Risiko des Verlusts wichtiger Promotion-Verträge nur als wahrscheinlich an.	3

Seite	Zeile	Nr.	Bewertungskategorie	Textstelle	Anmerkung/ Relevanzen/ Punkte
165	134f.	G01	**Risiken aus Corporate Governance** Organisationsstruktur, Organisationsprozesse und Kompetenzen	Es besteht die **Gefahr**, dass unsere Mitarbeiter gegen Richtlinien und Standards für ein angemessenes und verantwortungsvolles Geschäftsgebaren verstoßen. Um diesem **Risiko** effektiv zu begegnen, wurde Ende 2006 ein weltweit geltender Richtlinienkatalog (Group Policy Manual) eingeführt. Darin enthalten sind grundlegende Arbeitsabläufe und –prozesse sowie ein Verhaltenskodex. Dieser schreibt vor, dass jeder Mitarbeiter für den Konzern ethisch handeln und die Gesetze und Bestimmungen des jeweiligen Rechtssystems einhalten muss. (unwahrscheinliches Risiko)	3
		G02	Betriebsklima und Motivation, Führungsstil		0
165	16f.	G03	Personalrisiken allgemein	Der **Verlust wichtiger Mitarbeiter** in strategischen Positionen ist daher ein **offensichtliches Risiko** für uns. Es besteht ebenso das **Risiko**, dass wir es versäumen, die talentiertesten und für die speziellen Bedürfnisse unseres Konzerns am besten geeigneten Mitarbeiter zu identifizieren, sie einzustellen und an uns zu binden. Zudem können unzureichende Weiterbildungsmaßnahmen zu Lücken bei geschäftsrelevantem Wissen führen, insbesondere im Bereich Produktdesign und –entwicklung. (wahrscheinliches Risiko)	3
158	16f.	G04	Risikokultur und Risikokommunikation	Ziel war dabei, unseren konzernweiten Ansatz von Risiko- und Chancenmanagement zu stärken, das **Bewusstsein zu schärfen** sowie gegebenenfalls die interne und externe Berichterstattung zu verbessern.	0
165	110f.	G04		Dazu führen die Teams intensive Qualitätskontrollen vor der Produktion durch, arbeiten während des Produktionsvorgangs eng mit den Zulieferern zusammen, nehmen Zufallskontrollen nach der Lieferung an den Einzelhändler vor, **kommunizieren** Produktmängel **offen** und sorgen, wenn notwendig, für eine zügige Regulierung bei Produkthaftungsansprüchen.	0
165	36f.	G05	Entlohnungs- und Anreizsystem	Durch attraktive Bonus- und Anreizprogramme sollen langfristig Karrieremöglichkeiten und –planung ergänzt werden.	0

Seite	Zeile	Nr.	Bewertungskategorie	Textstelle	Anmerkung/ Relevanzen/ Punkte
			Leistungsrisiken (Wertschöpfungskette/ Unterstützungsprozesse)		
163	84f.	L01	Wertschöpfungskette	Um das **Risiko von Geschäftsunterbrechungen aufgrund eines Lieferantenausfalls** zu senken, arbeiten wir mit Zuliefern zusammen, die für Zuverlässigkeit, Qualität, Innovationsstärke und ständige Verbesserung stehen. (mögliches Risiko)	3
165	63f.	L02	Risiken aus den Unterstützungsprozessen und sonstige Risiken	Ein **bedeutender** Ausfall der Systeme oder ein wesentlicher Datenverlust könnte zu **gravierenden Geschäftsunterbrechungen** führen. Projekte von wesentlicher Bedeutung für den Konzern **könnten** sich durch unzureichendes Projektmanagement verzögern und teuer werden als geplant.	0
162	70f.	L03	Technische Risiken (Verfügbarkeit)	Schäden an Gebäuden, Produktionsanlagen und Lagerhäusern des Konzerns oder seiner Zulieferer und an unterwegs befindlicher Ware können zu Sachschäden oder Unterbrechungen der Geschäftsaktivität führen. (unwahrscheinliches R.)	0
		L04	Sachanlagenschäden (Exogene Einflüsse)	(...)	0
		L05	Kalkulationsrisiken		0
		L06	Sonstige		0
					Punkte
			Risikobericht Informationsgehalt		
161		KR1	Risikokategorien/ -felder definiert	3 Risikokategorien erwähnt: Strategische und operative Risiken, Risiken in Verbindung mit Einhaltung der Standards und Finanzrisiken und viele Risikofelder genannt – Vergleich S. 161 adidas Bericht 2010	3
158	61f.	KR2	Beschreibung des Risikos	**Wir verstehen Risiken** als potenzielle finanzielle Auswirkungen durch das Eintreten eines internen oder externen Ereignisses, (…), welches das Erreichen unserer Geschäftsziele negativ beeinflussen kann. **Chancen definieren wir** als potenzielle finanzielle Auswirkungen durch das Eintreten eines internen oder externen Ereignisses (…), welches das Erreichen unserer Geschäftsziele positiv beeinflussen kann.	1

Seite	Zeile	Nr.	Bewertungskategorie	Textstelle	Anmerkung/ Relevanzen/ Punkte
162	27f.	KR2		Der adidas Konzern ist **Risiken aus der Konsolidierung von Märkten sowie aus strategischen Allianzen wischen Wettbewerbern** und / oder Einzelhändlern ausgesetzt. Diese können zu einer Reduzierung unserer Verhandlungsmacht und zu schädlichen Wettbewerbsverhalten wie z.B. Preisschlachten führen. Ungewöhnliche Preisreduzierungen und weniger zugewiesene Regalfläche bei Einzelhändlern sind typische potenzielle Auswirkungen dieser Risiken. So kann ein anhaltend wettbewerbsintensives Umfeld in einem für den Konzern wichtigen Markt die Entwicklung von Umsatz und Profitabilität gefährden. (mittleres R.)	2
163	9f.	KR2		Trotz des prognostizierten Aufschwungs des weltweiten gesamtwirtschaftlichen Umfelds sind die **Risiken** in Bezug auf Konsumausgaben aufgrund steigender Inflation **hoch**.	3
160	15f.	KR3	Quantifizierung des Risikos	Auf der einen Seite müssen Risikoverantwortliche Bruttorisiken mit einer potenziellen Auswirkung auf den Ergebnisbeitrag von mehr als **50 Mio. Euro** dem Konzernrisikomanagement melden, und zwar unabhängig davon, wie hoch die Eintrittswahrscheinlichkeit eines solchen Risikos ist. Ebenso müssen Nettorisiken mit einer potenziellen Auswirkung von mehr als **1 Mio. Euro** und die entsprechende Eintrittswahrscheinlichkeit berichtet werden. Wesentliche Veränderungen bei zuvor gemeldeten Risiken bzw. neu identifizierten Risiken mit einer potenziellen Nettoauswirkung auf den ergebnisbeitrag von mehr als **5 Mio. Euro** werden ad hoc dem Konzernrisikomanagement angezeigt. Chancen werden separat aggregiert, wobei die Risikoverantwortlichen sämtliche Chancen mit einer Nettoauswirkung auf den Ergebnisbeitrag von mehr als **1 Mio. Euro** berichten.	2
167	124f.	KR3		Daraus resultiert ein maximales Risiko von **105 Mio. Euro** bei Ausfall einer einzelnen Bank. Das maximale Risiko ggü. einer einzelnen Bank aus solchen Vermögenswerten belief sich auf **8 Mio. Euro**.	2

Seite	Zeile	Nr.	Bewertungskategorie	Textstelle	Anmerkung/ Relevanzen/ Punkte
159	143f.	KR4	Beschreibung der Bewältigung	Darüber hinaus müssen die Risikoverantwortlichen eine allgemeine Strategie zum Umgang mit den identifizierten Risiken erarbeiten. Zu dieser Strategie zählen Risikovermeidung, Risikoverringerung mit dem Ziel, die finanzielle Auswirkung bzw. die Eintrittswahrscheinlichkeit zu minimieren, Risikotransfer auf Dritte oder Risikoakzeptanz.	2
162	42f.	KR4		Um dieses Risiko zu mindern, sind wir stets bestrebt, für eine regional ausgeglichene Umsatzverteilung zu sorgen, und passen die Vertriebsstrategie des Konzerns entsprechend kontinuierlich an. Dabei stehen insbesondere Initiativen in Bezug auf von uns selbst kontrollierte Verkaufsflächen im Mittelpunkt.	2
161	16f.	KR4		Um dieses Risiko zu vermindern, strebt der Konzern eine gleichmäßige Verteilung des Umsatzes zwischen den wichtigsten Regionen der Welt, aber auch zwischen reifen Märkten und Schwellenländern, an.	1
161	64f.	KR4		Um dieses Risiko zu vermindern, ist es deshalb eine zentrale Aufgabe all unserer Marken und speziell der jeweiligen Risikoverantwortlichen, etwaige Veränderungen in der Konsumentennachfrage zu identifizieren und so frühzeitig wie möglich darauf zu reagieren. Zu diesem Zweck nutzen wir umfassende primäre und sekundäre Marktforschungsinstrumente, wie in den Erläuterungen zu unserem Risiko- und Chancenidentifikationsprozess dargestellt wird.	2
162	76f.	KR4		Beispielsweise setzen wir zuverlässige Zulieferer und Logistikanbieter ein, die hohe Sicherheitsstandards garantieren. Zusätzlich zu unserem Versicherungsschutz haben wir auch Notfallpläne implementiert, um potenzielle negative Auswirkungen zu minimieren.	2
163	21f.	KR4		Im Bedarfsfall beschränken oder limitieren wir auch den Vertrieb unserer Produkte, um das Markenimage bzw. die Produktmargen zu schützen. Durch die Differenzierung des Produktangebots ggü. den Kunden begrenzen wir das Risiko einer Wettbewerbsverschärfung bei den Preisen bestimmter Produkte, die zu Margenerosion führen kann.	2

Seite	Zeile	Nr.	Bewertungskategorie	Textstelle	Anmerkung/ Relevanzen/ Punkte
173	84f.	KR5	Gesamtrisikoposition	Das Management **aggregiert alle Risiken**, die von verschiedenen Geschäftseinheiten und Funktionen angezeigt werden. Hinsichtlich der in diesem Bericht erläuterten Risiken– unter Berücksichtigung der Eintrittswahrscheinlichkeit und der potenziellen finanziellen Auswirkung sowie der gegenwärtigen Geschäftsaussichten – **erwartet der Konzern-Management keine einzelnen oder aggregierten Risiken, welche die Unternehmensfortführung wesentlich gefährden könnten.**	1
			Risikobericht Risikomanagementsystem		
160	2f.	KS1	Strategie/ Philosophie/ Politik	Durch unser integriertes Risiko- und Chancenmanagementsystem soll die Transparenz von Konzernrisiken und –chancen erhöht werden.	0
160	157f.	KS1		Kotrollen im Rahmen des Konsolidierungsprozess, wie der Schulden- oder Aufwands- und Ertragskonsolidierung, erfolgen sowohl automatisch als auch manuell.	2
167	81f.	KS1		Adidas Konzerngesellschaften ist es ausschließlich erlaubt, mit Banken, die ein Rating von BBB+ oder höher haben, zusammenzuarbeiten. Nur in Ausnahmefällen dürfen Tochtergesellschaften mit Banken, die ein schlechteres Rating als BBB+ haben, zusammenarbeiten.	2
159	20f.	KS2	Analyse	Wir überwachen fortlaufen sowohl das gesamtwirtschaftliche Umfeld und die Entwicklungen in der Sportartikelindustrie als auch interne Prozesse, um Risiken und Chancen so früh wie möglich zu **identifizieren**. Die Risikoverantwortlichen sind hauptverantwortlich für die Identifikation der Risiken und Chancen. Um die Risikoverantwortlichen bei den Identifikation und **Kategorisierung** von Risiken und Chancen zu unterstützen, hat die zentrale Konzernrisikomanagementfunktion einen Katalog potenzieller Risiken erstellt („Risk Universe").	1
159	43f.	KS2		Ein Schlüsselelement im Identifikationsprozess ist die **primäre qualitative und quantitative Marktforschung.** Dazu zählen beispielsweise Trendscouting, Konsumentenbefragungen sowie Erfahrungswerte unserer Geschäftspartner und aus den von uns kontrollierten Verkaufsflächen. Unterstützt wird dies durch **weltweite Marktforschung und Wettbewerbsanalyse.**	1

Seite	Zeile	Nr.	Bewertungskategorie	Textstelle	Anmerkung/ Relevanzen/ Punkte
159	63f.	KS2		Damit wir ein effektives Risiko- und Chancenmanagement sicherstellen können, **bewerten** wir die **identifizierten Risiken und Chancen** einzeln anhand einer **systematischen Bewertungsmethode**. (...) Nach unserer Risikomanagementmethode wird für jedes Risiko und jede Chance ein bestimmter Wert berechnet, und zwar durch Multiplikation der möglichen finanziellen Auswirkung mit der Eintrittswahrscheinlichkeit.	1
159	102f.	KS2		Für jedes Einzelrisiko müssen der Nettorisikowert und der Bruttorisikowert ermittelt werden.(...) Dieser Ansatz ermöglicht einerseits ein umfassendes Verständnis darüber, welchen Einfluss einzelne risikomindernde Maßnahmen haben und bildet andererseits die Grundlage für **Szenarioanalysen und -simulationen.**	2
159	72f.	KS3	Aggregation	Nach unserer Risikomanagementmethode wird für jedes Risiko und jede Chance ein bestimmter Wert berechnet, und zwar durch Multiplikation der **möglichen finanziellen Auswirkung** mit der **Eintrittswahrscheinlichkeit.**	2
159	102f.	KS3		Für jedes Einzelrisiko müssen der Bruttorisikowert und der Nettorisikowert ermittelt werden.(...) Dieser Ansatz ermöglicht einerseits ein umfassendes Verständnis darüber, welchen Einfluss einzelne risikomindernde Maßnahmen haben und bildet andererseits die Grundlage für **Szenarioanalysen und -simulationen.**	2
159	82f.	KS3		Die **finanziellen Auswirkung** wird anhand von fünf Kategorien bewerte:: unwesentlich, gering, moderat, wesentlich und groß. Die **Eintrittswahrscheinlichkeit** für einzelne Risiken und Chancen wird auf einer Skala von 0%-100% bewertet und in fünf Kategorien zusammengefasst, um für verschiedene Risiko- und Chancenkategorien eine aggregierte Wahrscheinlichkeit darzustellen.	2

Seite	Zeile	Nr.	Bewertungskategorie	Textstelle	Anmerkung/ Relevanzen/ Punkte
172	84f.	KS3		Das Management **aggregiert** alle Risiken, die von verschiedenen Geschäftseinheiten und Funktionen angezeigt werden. Hinsichtlich der in diesem Bericht erläuterten Risiken- unter Berücksichtigung der Eintrittswahrscheinlichkeit und der potenziellen finanziellen Auswirkung sowie der gegenwärtigen Geschäftsaussichten – erwartet das Konzern-Management keinen einzelnen oder aggregierten Risiken, welche die Unternehmensfortführung wesentlich gefährden könnten.	1
158	27f.	KS4	Aufbau- und Ablauforganisation	Die zentrale Konzernrisikomanagementfunktion hat einen Kreis von Vertretern der obersten Führungsebene (so genannte **Risikoverantwortliche**) bestimmt, dem sämtliche, direkt an den Vorstand der adidas AG berichtende Manager sowie die Geschäftsführer aller unserer Märke angehören.	2
158	35f.	KS4		Zu den regelmäßigen Aufgaben dieser **Risikoverantwortlichen** zählen das Management und die Überwachung von Risiken und Chancen in ihren jeweiligen Verantwortungsbereichen.	
158	80f.	KS4		Der Vorstand der adidas AG trägt die Gesamtverantwortung für ein effektives Risiko- und Chancenmanagementsystem, durch das ein umfassendes und einheitliches Management sämtlicher wesentlicher Risiken und Chancen sichergestellt wird. Der **Aufsichtsrat der adidas AG** ist dafür zuständig, die Effektivität des Konzernrisikomanagement-systems zu überwachen, wobei diese Zuständigkeit vom Prüfungsausschuss des Aufsichtsrats wahrgenommen wird.	2
159	138f.	KS4		Die **Risikoverantwortlichen** haben die Aufgabe, geeignete risikomindernde Maßnahmen zu erarbeiten und umzusetzen sowie Chancen in ihren jeweiligen Verantwortungsbereichen zu nutzen.	2
158	100f.	KS4		Für ein möglichst effektives Risiko- und Chancenmanagement haben wir ein **integriertes** Risiko- und Chancenmanagementsystem eingeführt, in dem Risiken und Chancen identifiziert, bewertet, gesteuert, überwacht und systematisch berichtet werden.	1

Seite	Zeile	Nr.	Bewertungskategorie	Textstelle	Anmerkung/ Relevanzen/ Punkte
160	67f.	KS4		Wir verstehen das Risikomanagementsystem als Prozess, der nach dem Prinzip der Funktionstrennung **verschiedene Teilprozesse** in den Bereichen Accounting, Controlling, Taxes, Treasury Planning, Reporting und Legal zur Identifikation, Bewertung, Steuerung, Überwachung und Kommunikation von Risiken hinsichtlich der Finanzberichterstattung **umfasst.**	1
158	93f.	KS5	Steuerung und Überwachung	Sofern relevant, schließt die **interne Revision** (Global Internal Audit) im Rahmen ihrer regulären Prüfungstätigkeit die Einhaltung der Vorschriften der Konzernrichtlinie durch die Risikoverantwortlichen in den Prüfungsumfang mit ein.	1
160	94f.			Zur Sicherstellung der Wirksamkeit des internen Kontroll- und Risikomanagementsystems erfolgen **regelmäßige Überprüfungen** rechnungslegungsrelevanter Prozesse durch die **Interne Revision.**	
160	99f.	KS5		Im Rahmen der **Abschlussprüfung** zum Jahresende untersucht zudem ein **externer Abschlussprüfer** ausgewählte interne Kontrollen und beurteilt deren Effektivität.	0
165	95f.	KS5		IT-Projektrisiken werden weiter gemindert, indem wir für alle IT-Projekte eine **bewährte Projektmethode** anwenden. Dazu gehören strikte Kostenkontrolle und **regelmäßige Risikoprüfungen** bei allen wichtigen Projekten. (...) die strategische Ausrichtung und der Fünf-Jahres-Plan sind mit dem strategischen Geschäftsplan Route 2015 des adidas Konzerns abgestimmt. Wir haben neue **Qualitätsbewertungen** für Großprojekte implementiert, um sicherzustellen, dass cie Mitglieder der oberen Führungsebene Fortschritt, Qualität und Kosten dieses Projekts regelmäßig bewerten können. (unwahrscheinliches Risiko)	2

Abb.8 Codiertabelle Beiersdorf 2010 1

Zitiert aus: Geschäftsbericht 2010. (07.02.2013). 2010,http://www.geschaeftsbericht2010.beiersdorf.de/de/konzernlagebericht.html

Seite	Zeile	Nr.	Bewertungskategorie	Textstelle	Anmerkung/ Relevanzen/ Punkte
			Sonstiges		
68			Seitenzahlen Geschäftsbericht	68 Seiten	S.1-S.68
36			Seitenzahlen Risikobericht	3 Seiten	S.36-38
27			Umsatz laut Geschäftsbericht in Mrd. Euro	1,059 Mrd. Euro	
27			Gewinn nach Steuern laut Geschäftsbericht in Mrd. Euro	0,381 Mrd. Euro	siehe Jahresüberschuss
28			Eigenkapitalquote	47,05%	EK (1,505 Mrd. Euro) / GK (3,199 Mrd. Euro) zum 31.12.2010
			Marktkapitalisierung in Mrd. Euro	?	Nicht angegeben
			Free-Float-Anteil	?	Nicht angegeben
			Letzter Kurs im Jahr des Geschäftsberichts	?	Nicht angegeben
			Branche	5- Consumer Staples Sector	laut Excel-Tabelle
			Riskofelder		
			Strategische Risiken		
		S01	Kernaussagen, Prämissen und Konsistenz der Strategie		0
		S02	Geschäftsfeldstruktur		0
		S03	Bedrohung kritischer Erfolgsfaktoren und strategischer Ziele		0

Seite	Zeile	Nr.	Bewertungskategorie	Textstelle	Anmerkung/ Relevanzen/ Punkte
			Marktrisiken		
37	1f.	M01	Markttrends: Chancen und Gefahren	**Innovationen** auf Basis einer starken Forschung und Entwicklung sind Voraussetzung für Akzeptanz und Attraktivität unserer Produkte beim Verbraucher. Eine **sorgfältige Markenführung** nimmt Trends beim Verbraucher sowie die Ergebnisse intensiver Markt- und Wettbewerbsanalysen auf und sorgt zugleich dafür, dass der **Markenkern erhalten bleibt** und behutsam **weiterentwickelt** wird.	0
37	1f.	M02	Marktattraktivität und Wettbewerbskräfte		0
37	5f.	M03	Bedrohung von Marktposition und Wettbewerbsvorteilen	**Starke Marken** mit ihrer Balance von **Innovation und Kontinuität** sind unsere Antwort auf den weltweit **intensiven Preis-, Qualitäts- und Innovationswettbewerb.**	0
37	13f.	M03		Insbesondere die **Unterbindung von Nachahmungen** durch gezielte Anmeldung und Durchsetzung von Schutzrechten trägt dazu bei, die zuvor geschaffenen **Ertragspotenziale abzusichern und weiter auszubauen.**	0
38	17f.	M03		Neben anderen Unternehmen sind Gesellschaften des Beiersdorf Konzerns in Belgien, Deutschland, Frankreich, den Niederlanden, der Schweiz und Italien in **Kartellverfahren im Bereich Kosmetikartikel auf nationaler Ebene** involviert. In Deutschland, den Niederlanden und der Schweiz liegen **Beschuldigtenschreiben** vor. Das Verfahren in Großbritannien wurde eingestellt. Unsere italienische Gesellschaft hat im Dezember einen **Bußgeldbescheid** erhalten.(...) Sofern der Abfluss von wirtschaftlichen Ressourcen zur Erfüllung dieser Verpflichtungen wahrscheinlich ist, sind **Rückstellungen** für die anhängenden Kartellverfahren in **Höhe der bestmöglichen Schätzung** des Erfüllungsbetrags **gebildet worden.** Eine abschließende Einschätzung des **Risikos** aus Konzernsicht ist zurzeit jedoch noch nicht möglich.	2 (da Zusatz, dass „Rückstellungen in Höhe der bestmöglichen Schätzung gebildet worden sind")
		M04	Konjunkturelle Absatzmengen- und Absatzpreisschwankungen		0
37	18f.	M05	Beschaffungsmarkt	**Risiken in der Beschaffung** bezüglich **Liefertreue und Kosten** bei **Rohstoffen und Waren** sowie der **Inanspruchnahme von Dienstleistungen** begegnen wir durch ein kontinuierliches Monitoring unserer Märkte und Lieferanten, eine aktive Steuerung unseres Lieferantenportfolios sowie ein	3

Seite	Zeile	Nr.	Bewertungskategorie	Textstelle	Anmerkung/ Relevanzen/ Punkte
				adäquates Vertragsmanagement.	
			Finanzrisiken		
37	37f.	F01	Finanzielle Stabilität und Liquidität	Währungs-, Zins- und **Liquiditätsrisiken** unterliegen einem aktiven Treasury Management auf der Basis weltweit geltender Richtlinien. Sie werden **überwiegend zentral gesteuert und gesichert.**	3
38	8f.	F01		Angesichts der Entwicklungen auf den Kapitalmärkten haben wir mehr **als die Hälfte unserer** Liquidität in risikoarme Anlagen angelegt (wie z.B. Staats- und Industrieanleihen).	0
37	43f.	F02	Zinsen und Währungen	**Währungsrisiken** aus konzerninternen Warenlieferungen und Leistungen **begrenzen wir durch Devisentermingeschäfte.** Dabei werden grundsätzlich 75 % der geplanten Nettozahlungsströme eines Jahres gesichert (cashflow hedges on forecasted transactions). **Währungsrisiken** aus konzerninternen grenzüberschreitenden Finanzierungen werden grundsätzlich von der zentralen Treasuryabteilung **durch Devisentermingeschäfte vollständig am Markt gesichert.**	2
		F03	Wertpapier- und Portfoliorisiken		0
37	40f.	F04	Derivate	**Derivative Finanzinstrumente** dienen primär der **Sicherung operativer Grundgeschäfte und betriebsnotwendiger Finanztransaktionen.** Dem Konzern entstehen daraus **keine wesentlichen** zusätzlichen **Risiken.**	4 (da Zusatz „und betriebsnotwendiger Finanztransaktionen"= Einsatz von Derivaten über die Absicherung hinaus) und durch Zusatz „keine wesentlichen Risiken für den Konzern"

Seite	Zeile	Nr.	Bewertungskategorie	Textstelle	Anmerkung/ Relevanzen/ Punkte
37	17f.	F05	Bonitäts- und Adressausfallrisiken	Ein detailliertes Monitoring unserer Kundenbeziehungen, ein aktives Forderungsmanagement sowie der selektive Einsatz von Warenkreditversicherungen wirken **Risiken durch Forderungsausfälle** entgegen.	3
38	1f.	F05		**Potenzielle Ausfallrisiken** im Zusammenhang mit der Anlage der Konzernliquidität werden dadurch begrenzt, dass nur **kurzfristige und mittelfristige Anlagen bei erstklassigen Kontrahenten erfolgen**. Das **Kontrahentenrisiko** überwachen wir anhand von Ratings und haftendem Eigenkapital der Kontrahenten sowie der eigenen Risikotragfähigkeit.	3
		F06	Risiken aus Beteiligungen		0
		F07	Immobilien		0
		F08	Investitionen und Finanzierung		0
		F09	Pensiorsrisiken		0
			Politische und Rechtliche Risiken		
		R01	Rechtliches und politisches Umfeld		0
		R02	Gesellschaftliche Trends		0
37	29f.	R03	Allgemeine Haftpflicht und Bürgschaft	Durch klare Führungsstrukturen sowie durch effiziente organisatorische Maßnahmen begegnen wir **Compliance-Risiken.**	3
		R04	Produkthaftung		0
		R05	Vertragssicherheit und AGB		0
			Risiken aus Corporate Governance		
37	24f.	G01	Organisationsstruktur, Organisationsprozesse und Kompetenzen	**Durch Kooperationen und Kontakte mit Universitäten** bauen wir frühzeitig **Verbindungen zu qualifizierten Nachwuchskräften** auf, die wir durch spezielle Einstiegsprogramme auf eine Karriere bei Beiersdorf vorbereiten. Unser weltweit einheitlicher Talent-Management-Prozess identifiziert und fördert talentierte Fach- und Führungskräfte auf allen Ebenen und unterstützt die qualifizierte Nachbesetzung von wichtiger Positionen im ganzen Unternehmen.	0

Seite	Zeile	Nr.	Bewertungskategorie	Textstelle	Anmerkung/ Relevanzen/ Punkte
37		G02	Betriebsklima und Motivation, Führungsstil		0
	26f.	G03	Personalrisiken allgemein	Unser weltweit einheitlicher Talent-Management-Prozess identifiziert und fördert talentierte Fach- und Führungskräfte auf allen Ebenen und unterstützt die qualifizierte Nachbesetzung von wichtigen Positionen im ganzen Unternehmen.	0
36	11f.	G04	Risikokultur und Risikokommunikation	Eine **offene Kommunikation**, die **periodisch vorgenommene Risikoinventur** sowie das **Planungs- und Steuerungssystem** schaffen Transparenz über unsere Risikosituation.	0
		G05	Entlohnungs- und Anreizsystem		0
			Leistungsrisiken (Wertschöpfungskette/ Unterstützungsprozesse)		
37	18f.	L01	Wertschöpfungskette		0
		L02	Risiken aus den Unterstützungsprozessen und sonstige Risiken	Prozessbegleitende Kontrollen und standortbezogene Audits begrenzen Arbeitssicherheits-, Umwelt- und **Unterbrechungsrisiken** bei **Produktions- und Logistikaktivitäten.**	3 (Zusatz „Unterbrechungs risiko" wird Risiko aus Unterstützungspr ozess gleichgesetzt)
37	32f.	L03	Technische Risiken (Verfügbarkeit)	**Risiken im Hinblick auf Verfügbarkeit**, Zuverlässigkeit und Effizienz unserer **IT-Systeme** begrenzen wir durch laufende Überwachung. Anpassungsmaßnahmen wie auch durch die Etablierung eines in den IT-Betrieb integrierten Continuity Managements. Ausgewählten **Risiken** begegnen wir **durch einen Transfer auf Versicherungsunternehmen.**	3 (da Zusatz „Transfer auf Versicherungsunt ernehmen nicht explizit eine „ausreichende Versicherung" darstellt)

Seite	Zeile	Nr.	Bewertungskategorie	Textstelle	Anmerkung /Relevanzen/ Punkte
37	30f.	L04	Sachanlageschäden (Exogene Einflüsse)	Prozessbegleitende Kontrollen und standortbezogene Audits begrenzen Arbeitssicherheits-, **Umwelt- und** Unterbrechungsrisiken bei **Produktions- und Logistikaktivitäten**.	3 („Umweltrisiko" wird Sachanlage-schäden durch exogene Einflüsse gleichgesetzt)
		L05	Kalkulationsrisiken		0
		L06	Sonstige		0
			Risikobericht Informationsgehalt		
36f.		KR1	Risikokategorien/ -felder definiert	**Risikokategorien:** Strategische und branchenspezifische Risiken, leistungswirtschaftliche und informationstechnische Risiken, finanzwirtschaftliche Risiken.	2
37	17f.	KR2	Beschreibung des Risikos	**Risiken in der Beschaffung** bezüglich Lieferreue und Kosten bei Rohstoffen und Waren sowie der Inanspruchnahme von Dienstleistungen begegnen wir durch ein kontinuierliches Monitoring unserer Märkte und Lieferanten, eine aktive Steuerung unseres Lieferantenportfolios sowie ein adäquates Vertragsmanagement.	1
38	17f.	KR2		Neben anderen Unternehmen sind Gesellschaften des Beiersdorf Konzerns in Belgien, Deutschland, Frankreich, den Niederanden, der Schweiz und Italien **in Kartellverfahren** im Bereich Kosmetikartike: auf nationaler Ebene involviert. In Deutschland, den Niederlanden und der Schweiz liegen **Beschuldigtenschreiben** vor. Das Verfahren in Großbritannien wurde eingestellt. Unsere italienische Gesellschaft hat im Dezember einen **Bußgeldbescheid** erhalten. Wir rechnen in den nächsten Monaten mit weiteren Entscheidungen. Sofern der Abfluss von wirtschaftlichen Ressourcen zur Erfüllung dieser Verpflichtungen wahrscheinlich ist, sind Rückstellungen für die anhängenden Kartellverfahren in Höhe der bestmöglichen Schätzung des Erfüllungsbetrags gebildet worden. Eine abschließende Einschätzung des **Risikos** aus Konzernsicht ist zurzeit jedoch noch nicht möglich.	2
		KR3	Quantifizierung des Risikos		0

Seite	Zeile	Nr.	Bewertungskategorie	Textstelle	Anmerkung/ Relevanzen/ Punkte
37	6f.	KR4	Beschreibung der Bewältigung	Mit der Entwicklung und Implementierung des „Consumer Insights"-Prozesses haben wir die Voraussetzungen dafür geschaffen, Verbraucherwünsche noch schneller aufzunehmen und in unsere Produktentwicklungen einfließen zu lassen. Dies **wirkt** zugleich einer **zunehmenden Konzentration im Handel** sowie dem regionalen Aufkommen von Handelsmarken **entgegen.**	1
37	17f.	KR4		Ein **detailliertes Monitoring** unserer Kundenbeziehungen, ein **aktives Forderungsmanagement** sowie der **selektive Einsatz von Warenkreditversicherungen** wirken Risiken durch Forderungsausfälle entgegen.	1
37	32f.	KR4		Risiken im Hinblick auf Verfügbarkeit, Zuverlässigkeit und Effizienz unserer IT-Systeme begrenzen wir durch **laufende Überwachung, Anpassungsmaßnahmen** wie auch durch die Etablierung eines in den IT-Betrieb **integrierten Continuity Managements.** Ausgewählten Risiken begegnen wir durch einen **Transfer auf Versicherungsunternehmen.**	2
38	2f.	KR4		Das Kontrahentenrisiko überwachen wir anhand von **Ratings** und **haftendem Eigenkapital der Kontrahenten** sowie **der eigenen Risikotragfähigkeit.** Darüber hinaus beobachten wir die **relative Bonität der Kontrahenten** anhand von Methoden, die eine sehr kurzfristige Indikation zur Einschätzung eines Marktteilnehmers liefern.	2
38	27f.	KR5	Gesamtrisikoposition	Nach unserer heutigen Einschätzung sind für den Beiersdorf Konzern **keine bestandsgefährdenden Risiken** vorhanden.	1
			Risikobericht Risikomanagementsystem		
36	3f.	KS1	Strategie/ Philosophie/ Politik	**Unternehmerischer Erfolg erfordert das bewusste Eingehen von Risiken.**	0
36	10f.	KS1		Das Risikomanagement ist ein integraler **Bestandteil der zentralen sowie dezentralen** Planungs-, Steuerungs- und Kontrollprozesse und folgt konzerneinheitlichen **Standards.**	1
36	30f.	KS1		**Grundsätze,** Prozesse und Berichtsorganisation der Konzernrechnungslegung sind in einem Accounting & Controlling Manual und einem **Risikomanagementhandbuch** dokumentiert.	1
38	4f.	KS1		Darüber hinaus beobachten wir die relative Bonität der Kontrahenten anhand	2

65

von Methoden, die eine sehr kurzfristige Indikation zur Einschätzung eines Marktteilnehmers liefern. Mit Hilfe dieser Parameter werden Höchstbeträge für Anlagen bei jeder Partnerbank ermittelt (**Kontrahentenlimits**), denen wir regelmäßig die tatsächlich getätigten konzernweiten Anlagen gegenüberstellen.

Seite	Zeile	Nr.	Bewertungskategorie	Textstelle	Anmerkung/ Relevanzen/ Punkte
37	6f.	KS2	Analyse	Mit der Entwicklung und Implementierung des „**Consumer Insights**"-**Prozesses** haben wir die Voraussetzungen dafür geschaffen, **Verbraucherwünsche noch schneller aufzunehmen** und in unsere Produktentwicklungen einfließen zu lassen.	1
37	27f.	KS2		Unser weltweit einheitlicher Talent-Management-Prozess **identifiziert** und fördert talentierte Fach- und Führungskräfte auf allen Ebenen und unterstützt die qualifizierte Nachbesetzung von wichtigen Positionen im ganzen Unternehmen.	1
37	32f.	KS2		Risiken im Hinblick auf Verfügbarkeit, Zuverlässigkeit und Effizienz unserer IT-Systeme begrenzen wir durch laufende **Überwachung, Anpassungsmaßnahmen wie auch durch die Etablierung eines in den IT-Betrieb integrierten Continuity Managements.** Ausgewählten Risiken begegnen wir durch einen Transfer auf Versicherungsunternehmen.	1
36	2f.	KS3	Aggregation	Integriertes Risiko- und Chancenmanagement	0
36	10f.	KS4	Aufbau- und Ablauforganisation	Das Risikomanagement ist **ein integraler Bestandteil** der zentralen sowie dezentralen Planungs-, Steuerungs- und Kontrollprozesse und folgt konzerneinheitlichen Standards.	1
36	13f.	KS4		Das Risikomanagement wird in der **Konzernzentrale koordiniert.**	2
36	18f.	KS4		Als **integraler Bestandteil des Konzernrechnungslegungsprozesses** umfasst es präventive, überwachende und aufdeckende Sicherungs- und Kontrollmaßnahmen im Rechnungswesen und in operativen Funktionen. Die in die Aufbau- wie auch Ablauforganisation integrierten Sicherungsmaßnahmen sollen Fehler verhindern. Durch die Kontrollen sollen die Wahrscheinlichkeit des Auftretens von Fehlern in Arbeitsabläufen vermindert und Fehler aufgedeckt werden.	2
38	13f.	KS4		Klare **Zuordnungen von Verantwortlichkeiten**, zentrale Regeln zur grundlegenden Begrenzung finanzieller Risiken und die bewusste Ausrichtung	2

der eingesetzten Instrumente auf die Erfordernisse unserer Geschäftstätigkeit sind Ausdruck des finanzbezogenen Risikomanagements.

Seite	Zeile	Nr.	Bewertungskategorie	Textstelle	Anmerkung/ Relevanzen/ Punkte
36	16f.	KS5	Steuerung und Überwachung	Zur Sicherung der Ordnungsmäßigkeit der Buchführung und Rechnungslegung sowie der Verlässlichkeit der finanziellen Berichterstattung in Konzernabschluss und Konzernlagebericht besteht **ein rechnungslegungsbezogenes internes Kontrollsystem.**	2
36	23f.	KS5		Zu den Maßnahmen zählen unter anderem **Funktionstrennungen, manuelle und IT-gestützte Genehmigungsprozesse wie das Vier-Augen-Prinzip, IT-Kontrollen, Zugriffsbeschränkungen und Berechtigungskonzepte im IT-System sowie systemgestützte Verfahren zur Verarbeitung konzernrechnungslegungsbezogener Daten.** Verfahrensanweisungen, standardisierte Meldeformate und IT-gestützte Berichts- und Konsolidierungsprozesse unterstützen die Konzernrechnungslegung und die rechnungslegungsbezogene Berichterstattung der in den Konzernabschluss einbezogenen Tochtergesellschaften.	2
36	35f.	KS5		Die **Interne Revision überwacht** durch systematische Prüfungen das **Risikomanagement** und die Einhaltung des internen Kontrollsystems.	1
36	38f.	KS5		Des Weiteren prüft der **Abschlussprüfer das Risikofrüherkennungs- und Überwachungssystem.**	0 (Zusatz „im Rahmen der Abschlussprüfun g" fehlt, trotzdem „0")

Abb.9 Codiertabelle Douglas 2010 1

Zitiert aus: Geschäftsbericht 2009/10,(07.02.2013), http://www.douglas-holding.de/fileadmin/Bilder/pdfs/de/GB2009-10.pdf

Seite	Zeile	Nr.	Bewertungskategorie	Textstelle	Anmerkung/ Relevanzen/ Punkte
			Sonstiges		
182			Seitenzahlen Geschäftsbericht	182 Seiten	S.57-S.63
57			Seitenzahlen Risikobericht	7 Seiten	In- und Ausland (Gesamt)
2			Umsatz laut Geschäftsbericht in Mrd. Euro	3,320 Mrd. Euro	
113			Gewinn nach Steuern laut Geschäftsbericht in Mrd. Euro	0,067 Mrd. Euro	Jahresüberschuss vom 01.10.2009 bis zum 30.09.2010
114			Eigenkapitalquote	44,64%	EK (764,8 Mio.€) / GK (1713,4 Mio. €)
12			Marktkapitalisierung in Mrd. Euro	1,448 Mrd. Euro	zum 30.09.2010
			Free-Float-Anteil	???	nicht angegeben
2			Letzter Kurs im Jahr des Geschäftsberichts	36,83 Euro	Aktienkurs zum 30.09.2010
			Branche	Consumer Discretionary Sector	4 – laut Excel-Tabelle
			Riskofelder		
			Strategische Risiken		
		S01	Kernaussagen, Prämissen und Konsistenz der Strategie		0
		S02	Geschäftsfeldstruktur		0
		S03	Bedrohung kritischer Erfolgsfaktoren und strategischer Ziele		0
			Marktrisiken		

Seite	Zeile	Nr.	Bewertungskategorie	Textstelle	Anmerkung/ Relevanzen/ Punkte
58	3f.	M01	Markttrends: Chancen und Gefahren	Den **Risiken der Internationalisierung** begegnet die DOUGLAS-Gruppe dadurch, dass die jeweiligen Vertriebslinien an die landesspezifischen Gegebenheiten angepasst werden.	Gefahr 3
58	25f.	M01		Für eine internationale Handelsgruppe stellen **Veränderungen des Konsumverhaltens,** insbesondere sich ändernde Ansprüche der Kunden, **bedeutende Risiken** dar.	Gefahr 3
58	29f.	M01		Darüber hinaus möchte die DOUGLAS-Gruppe vom **Trend zum Online-Handel** profitieren und hat in diesem Zusammenhang Multichannel-Konzepte entwickelt.	Chance 0
57	20f. 5f.	M01		So stellt eine **rückläufige Entwicklung der Einzelhandelsumsätze** in Europa ein **Risiko** dar. (...) Zu den **potenziellen Hauptrisiken** der DOUGLAS-Gruppe gehören zum einen nichtbeeinflussbare oder nur mittelbar beeinflussbare Faktoren wie zum Beispiel die Entwicklung der nationalen und internationalen Wirtschaftslage und die daraus resultierende Kaufkraft. Eine deutlich wachsende Konsumnachfrage eröffnet demgegenüber **Chancen** für das Unternehmen.	Gefahr 3
		M02	Marktattraktivität und Wettbewerbskräfte		0
58	18f.	M03		Durch die nationale und internationale Verhandlungsposition der DOUGLAS-Gruppe können gegenüber Vermietern, Lieferanten und Herstellern **wichtige Beschaffungsvorteile** realisiert werden.	0
59	27f.	M03	Bedrohung von Marktposition und Wettbewerbsvorteilen	Ferner ergeben sich durch den **effizienten Einsatz der Informationstechnologie Wettbewerbsvorteile**. So können die bisherigen Dienstleistungen auf alternative Vertriebswege wie das Internet ausgeweitet werden.	0
		M04	Konjunkturelle Absatzmengen- und Absatzpreisschwankungen		0
58	16f.	M05	Beschaffungsmarkt	Durch langfristig ausgerichtete Lieferverträge und kontinuierliche Marktbeobachtungen werden **Beschaffungsrisiken** reduziert. Durch die nationale und internationale Verhandlungsposition der DOUGLAS-Gruppe können gegenüber Vermietern, Lieferanten und Herstellern wichtige **Beschaffungsvorteile** realisiert werden.	3

Seite	Zeile	Nr.	Bewertungskategorie	Textstelle	Anmerkung/ Relevanzen/ Punkte
58	35f.	F01	**Finanzrisiken** Finanzielle Stabilität und Liquidität	Die DOUGLAS-Gruppe weist ein **moderates finanzwirtschaftliches Risikoprofil** auf. Gleiches gilt für **Liquiditäts- und Zinsrisiken** aufgrund der soliden Kapital- und Finanzierungsstruktur.	3
58	35f.	F02	Zinsen und Währungen	**Währungsrisiken** spielen aufgrund der Konzentration auf den Euroraum nur eine **untergeordnete Rolle.** Gleiches gilt für Liquiditäts- und **Zinsrisiken** aufgrund der soliden Kapital- und Finanzierungsstruktur.	3
		F03	Wertpapier- und Portfoliorisiken		0
		F04	Derivate		0
59	2f.	F05	Bonitäts- und Adressausfallrisiko	Das **Forderungsausfallrisiko** ist für die DOUGLAS-Gruppe nur von geringer Relevanz. (...) Darüber hinaus hilft eine zeitnahe Verrechnung der Forderungen mit Verbindlichkeiten gegenüber Lieferanten, das Ausfallrisiko zu verringern.	2
	5f.	F06	Risiken aus Beteiligungen		0
		F07	Immobilien		0
		F08	Investitionen und Finanzierung		0
		F09	Pensionsrisiken		0
			Politische und Rechtliche Risiken		
60	2f.	R01	Rechtliches und politisches Umfeld	**Wesentliche rechtliche Risiken** sind mögliche Verstöße gegen gesetzliche Bestimmungen oder unternehmensinterne Richtlinien.	3 Nicht „4", da Zusatz (wesentliches Risiko) „FÜR KONZERN" fehlt
		R02	Gesellschaftliche Trends		0
		R03	Allgemeine Haftpflicht UND Bürgschaft		0
60	16f.	R04	Produkthaftung	Gewährleistungsansprüche bei Produktmängeln oder Forderungen aus dem **Produkthaftungsgesetz** werden vertraglich durch Vereinbarungen mit Rückgriffansprüchen gegenüber Lieferanten **abgesichert.**	0

Seite	Zeile	Nr.	Bewertungskategorie	Textstelle	Anmerkung/ Relevanzen/ Punkte
60	13f.	R05	Vertragssicherheit und AGB	Grundsätzlich unterliegen alle wesentlichen Verträge einer juristischen Vorprüfung. Für verbleibende potenzielle Schadensfälle und **Haftungsrisiken** besteht ein **ausreichender Versicherungsschutz**, dessen Umfang zentral angepasst und kontinuierlich optimiert wird.	2
			Risiken aus Corporate Governance		
59	40f.	G01	Organisationsstruktur, Organisationsprozesse und Kompetenzen	**Chancen** ergeben sich insbesondere aus der hohen Attraktivität der DOUGLAS-Gruppe als Arbeitgeber und dem **hohen Anteil an Auszubildenden.**	Chance 0
59	35f.	G02	Betriebsklima und Motivation, Führungsstil	Neben einem **positiven Arbeitsumfeld** stehen deshalb auch die betriebliche **Aus- und Weiterbildung und die Förderung des Management-Nachwuchses** durch internationale Management-Entwicklungsprogramme im Mittelpunkt der Personalarbeit.	0
59	31f.	G03	Personalrisiken allgemein	Demnach stellen eine mangelnde **Qualifikation und eine unzureichende Serviceorientierung der Mitarbeiter wesentliche Risiken** dar. Ein **weiteres Risiko** liegt darin, dass erfahrene Mitarbeiter das Unternehmen verlassen.	3 Nicht „4" – da der Zusatz (wesentliches Risiko) FÜR KONZERN fehlt
59	35f.	G03		Neben einem positiven Arbeitsumfeld stehen deshalb auch die **betriebliche Aus- und Weiterbildung und die Förderung des Management-Nachwuchses** durch internationale Management-Entwicklungsprogramme im Mittelpunkt der Personalarbeit.	0
		G04	Risikokultur und Risikokommunikation		0
		G05	Entlohnungs- und Anreizsystem		0
			Leistungsrisiken (Wertschöpfungskette/ Unterstützungsprozesse)		
		L01	Wertschöpfungskette		0
		L02	Risiken aus den Unterstützungsprozessen und sonstige Risiken		0
59	11f.	L03	Technische Risiken (Verfügbarkeit)	Die **Abhängigkeit von der Verfügbarkeit und Qualität der Daten** in zunehmend komplexeren IT-Systemen sowie die **Vernetzung der**	3

Seite	Zeile	Nr.	Bewertungskategorie	Textstelle	Anmerkung/ Relevanzen/ Punkte
				einzelnen Gesellschaften stellen **bedeutende Risikopotenziale** dar. Um diesen Risiken zu begegnen, wird eine konzernweit gültige IT-Sicherheitsinfrastruktur bereitgestellt.	
		L04	Sachanlageschäden (Exogene Einflüsse)		0
		L05	Kalkulationsrisiken		0
		L06	Sonstige		0
			Risikobericht Informationsgehalt		
		KR1	Risikokategorien/-felder definiert	**Risikokategorien:** Finanzwirtschaftliche Risiken & Chancen, Rechtliche Chancen/Compliance, Umfeld- und Geschäftsrisiken und Chancen, Beschaffungs- und Absatzrisiken und Chancen, Forderungsausfallrisiko, Informationstechnologische Risiken und Chancen, Personalrisiken & Chancen,	2 (statt „3", da der Adressat sich nicht schnell zurechtfinden kann)
57	20f.	KR2	Beschreibung des Risikos	Die volkswirtschaftliche Entwicklung der wichtigsten Märkte der DOUGLAS-Gruppe ist nur schwer zu prognostizieren. Sie hat aber wesentlichen Einfluss auf die Vermögens-, Finanz- und Ertragslage des Unternehmens. So stellt eine rückläufige Entwicklung der Einzelhandelsumsätze in Europa ein **Risiko** dar.	2
58	25f.	KR2		Für eine internationale Handelsgruppe stellen Veränderungen des Konsumverhaltens, insbesondere sich ändernde Ansprüche der Kunden, **bedeutende Risiken** dar.	1
		KR3	Quantifizierung des Risikos		0
58	25f.	KR4	Beschreibung der Bewältigung	Für eine internationale Handelsgruppe stellen Veränderungen des Konsumverhaltens, insbesondere sich ändernde Ansprüche der Kunden, bedeutende Risiken dar. Ein ständig weiterentwickeltes **Customer Relationship Management** trägt neben der **Weiterentwicklung der Exklusiv- und Eigenmarkenkonzepte** dazu bei, die Kundenbindung zu erhöhen.	1
58	3f.	KR4		Den Risiken der Internationalisierung begegnet die DOUGLAS-Gruppe dadurch, dass die **jeweiligen Vertriebslinien** an die landesspezifischen Gegebenheiten angepasst werden. Darüber hinaus werden mit Hilfe von	2

Seite	Zeile	Nr.	Bewertungskategorie	Textstelle	Anmerkung/ Relevanzen/ Punkte
				erfahrenen Geschäftsführern vor Ort die nationalen politischen, wirtschaftlichen und rechtlichen **Rahmenbedingungen sorgfältig beobachtet und bewertet.**	
59	3f.	KR4		Die kontinuierliche Bewertung und Überwachung der Forderungen mittels eines **aktiven Forderungsmanagements** durch interne wie externe Dienstleister minimiert die Risiken des Forderungsausfalls gruppenweit. Darüber hinaus hilft eine **zeitnahe Verrechnung der Forderungen mit Verbindlichkeiten** gegenüber Lieferanten, das Ausfallrisiko zu verringern.	2
59	11f.	KR4		Um diesen Risiken zu begegnen, wird eine konzernweit gültige **IT-Sicherheitsinfrastruktur** bereitgestellt. Umfassende Vorkehrungen wie **Firewalls** und ein tagesaktueller **Virenschutz** schützen die Verfügbarkeit, Zuverlässigkeit und Effizienz der Systeme und Daten.	2
60	4f.	KR4		Besonderes Augenmerk liegt hier neben der konsequenten Beachtung der aktuellen Gesetzeslage in allen relevanten Ländern auch auf bevorstehenden Gesetzesänderungen. Das frühzeitige **Einbinden interner wie externer lokaler Rechtsberater** hilft frühzeitig, die notwendigen Anpassungen vorzunehmen.	1
63	5f.	KR5	Gesamtrisikoposition	Die **bestehenden Risiken**, sowohl einzeln als auch in Verbindung mit anderen Risiken betrachtet, sind **begrenzt** und nach heutiger Einschätzung für den **Fortbestand der DOUGLAS-Gruppe nicht von Bedeutung.**	1
			Risikobericht Risikomanagementsystem		
57	7f.	KS1	Strategie/ Philosophie/ Politik	Die Identifikation der Chancen und Risiken erfolgt durch erfahrene Risikomanager in den jeweiligen Gesellschaften im In- und Ausland auf Basis klar definierter Prozesse und mit Hilfe eines **einheitlichen,** zentral verwalteten Chancen- und Risikomanagementsystems. Dieses System ermöglicht die monetäre Bewertung der Chancen und Risiken sowie die Dokumentation der ergriffenen Maßnahmen.	1
59	24f.	KS1		Die weitgehende **Standardisierung der IT-Infrastruktur** im Konzern über die Einführung eines **einheitlichen Kassensystems** und die Weiterentwicklung der Warenwirtschaftssysteme ermöglichen einen	1

deutlich effektiveren Ablauf.

Seite	Zeile	Nr.	Bewertungskategorie	Textstelle	Anmerkung/ Relevanzen/ Punkte
57	7f.	KS2	Analyse	Die **Identifikation** der Chancen und Risiken erfolgt durch erfahrene Risikomanager in den jeweiligen Gesellschaften im In- und Ausland auf Basis klar definierter Prozesse und mit Hilfe eines einheitlichen, zentral verwalteten **Chancen- und Risikomanagementsystems.** Dieses System ermöglicht die monetäre Bewertung der Chancen und Risiken sowie die **Dokumentation** der ergriffenen Maßnah-men.	1
61	41f.	KS2		Grundsätzlich wird mit dem Vier-Augen-Prinzip gearbeitet. Das bedeutet, alle wesentlichen Vorgänge werden durch mindestens eine zweite Person **kontrolliert.** Dabei wird bei allen Vorgängen das Prinzip der Funktionstrennung beachtet. Das heißt, die Rechte und Befugnisse der Mitarbeiter sind so weit beschränkt, dass diese Vier-Augen-Prüfung nicht unterlaufen werden kann.	1
63	10f.	KS3	Aggregation	Die bestehenden Risiken, **sowohl einzeln als auch in Verbindung mit anderen Risiken** betrachtet, sind begrenzt und nach heutiger Einschätzung für den Fortbestand der DOUGLAS-Gruppe nicht von Bedeutung.	0
57	7f.	KS4	Aufbau- und Ablauforganisation	Die **Identifikation der Chancen und Risiken** erfolgt durch erfahrene Risikomanager in den jeweiligen Gesellschaften im In- und Ausland auf Basis klar definierter Prozesse und mit Hilfe eines **einheitlichen, zentral verwalteten Chancen- und Risikomanagementsystems.**	2 (auch „1" ist enthalten: „zentral verwaltetes Chancen- und RM")
57	12f.	KS4		**Effektivität und Effizienz** dieses Systems werden sowohl durch die **Konzernrevision** als auch durch die **Wirtschaftsprüfer** periodisch beurteilt. Die Ergebnisse dieser Prüfungen werden dem Vorstand und dem Aufsichtsrat vorgelegt.	2
57	12f.	KS5	Steuerung und Überwachung	Effektivität und Effizienz dieses Systems werden sowohl durch die **Konzernrevision** als auch durch die **Wirtschaftsprüfer** periodisch beurteilt.	0 und 1
59	3f.	KS5		Die **kontinuierliche Bewertung und Überwachung der Forderungen** mittels eines **aktiven Forderungsmanagements** durch interne wie externe	2

Dienstleister minimiert die Risiken des Forderungsausfalls gruppenweit. Darüber hinaus hilft eine **zeitnahe Verrechnung** der Forderungen mit Verbindlichkeiten gegenüber Lieferanten, das Ausfallrisiko zu verringern. Risiken des baren und bargeldlosen Zahlungsverkehrs werden durch **unternehmensweit gültige Richtlinien** sowie **systematische Prüfverfahren** begrenzt.

Seite	Zeile	Nr.	Bewertungskategorie / Textstelle	Anmerkung/ Relevanzen/ Punkte
59	20f.	KS5	Darüber hinaus gewährleisten ein modernes Rechenzentrum sowie **ständige Kontrollen und Überwachungen der Systeme** im Rahmen von **Notfallplänen** und **Notfallübungen** die Qualität und Sicherheit der Prozesse im Bereich der Datenverarbeitung.	2
61	1f.	KS5	Weitere **regelmäßige Kontrollen**, wie die **automatische Rechnungskontrolle und -verarbeitung**, der **tägliche Abgleich** der Umsätze der Filialen mit den Einzahlungen des Geldes auf den Bankkonten oder die **Überprüfung von Buchungsabbrüchen**, helfen, eine hohe Qualität der Einzelabschlüsse sicherzustellen. Nach endgültiger Freigabe der Einzelabschlüsse ist eine nachträgliche Veränderung durch die Buchhaltung nicht mehr möglich.	2
61	37f.	KS5	Für die wesentlichen Abläufe der Einzel- und Konzernabschlusserstellung sind **Organisationshandbücher, Handlungsanweisungen und Richtlinien** in deutscher und englischer Sprache verfasst. Diese werden regelmäßig den aktuellen Gegebenheiten angepasst und sind allen beteiligten Mitarbeitern zugänglich.	1
62	3f.	KS5	Die Einhaltung und Durchführung dieser Kontrollen wird durch den Bereich **Konzernrevision & Riskmanagement** regelmäßig sowohl betriebswirtschaftlich als auch technisch überprüft.	1
62	24f.	KS5	Im Rahmen der **Abschlussprüfung** untersucht zudem der **externe Abschlussprüfer** ausgewählte interne Kontrollen und beurteilt deren Effektivität. Außerdem werden die Abschlüsse aller wesentlichen Gesellschaften von lokalen Wirtschaftsprüfern geprüft.	0

Abb.10 Codiertabelle Henkel 2010 1

Zitiert aus: Geschäftsbericht 2010. (08.02.2013) 2010,http://www.henkel.de/de/content_data/209100_2011.02.24_FY_2010_annualreport_de.pdf

Seite	Zeile	Nr.	Bewertungskategorie	Textstelle	Anmerkung/ Relevanzen/ Punkte
			Sonstiges		
152			Seitenzahlen Geschäftsbericht	152 Seiten	S.1- S. 125
78			Seitenzahlen Risikobericht	5 Seiten	S.78- S.82
3			Umsatz laut Geschäftsbericht in Mrd. Euro	15,092 Mrd. Euro	s. „Umsatz"
3			Gewinn nach Steuern laut Geschäftsbericht in Mrd Euro	1,143 Mrd. Euro	s. „Jahresüberschuss"
53			Eigenkapitalquote	45,40%	
23			Marktkapitalisierung in Mrd. Euro	18,3 Mrd. Euro	
			Free-Float-Anteil	?	Nicht angegeben für die „Stammaktie"
23			Letzter Kurs im Jahr des Geschäftsberichts	38,62 Euro	laut Excel-Tabelle
			Branche	5 – Consumer Staples Sector	
			Risikofelder		
			Strategische Risiken		
		S01	Kernaussagen, Prämissen und Konsistenz der Strategie		0
		S02	Geschäftsfeldstruktur		0
79	50f.	S03	Bedrohung kritischer Erfolgsfaktoren und strategischer Ziele	Unser Fokus liegt daher auf einer **kontinuierlichen Stärkung des Werts unserer Marken und der konsequenten Entwicklung von Innovationen**, da wir innovative Produkte als **wesentlichen Erfolgsfaktor** unseres Unternehmens erachten, mit dem wir uns von Wettbewerbern abgrenzen.	0
82	38f.	S03		**Unternehmensstrategische Risiken** können daraus resultieren, dass möglicherweise die Erwartungen, die wir in **interne Projekte sowie in Akquisitionen**	3

und strategische Kooperationen gesetzt haben, **nicht erfüllt** werden. Die damit erfolgten Investitionen können sich möglicherweise nicht amortisieren. Des Weiteren können sich einzelne Projekte durch **nicht vorhersehbare Risiken** verzögern.

Seite	Zeile	Nr.	Bewertungskategorie	Textstelle	Anmerkung/ Relevanzen/ Punkte
			Marktrisiken		
79	60f.	M01	Markttrends: Chancen und Gefahren	Diese Preisanstiege werden durch den Trend **höherer Vorrohstoffpreise** im Rahmen der **anziehenden Weltwirtschaft** und durch **zunehmend auftretende Lieferengpässe** verursacht.	Gefahr 3
79	43f.	M02	Marktattraktivität und Wettbewerbskräfte	Im Konsumgüterbereich besteht das **Risiko**, dass sich das **Marktwachstum abschwächen** könnte, in Verbindung mit einem **intensivierten Wettbewerb.**	3
81	109f.	M03	Bedrohung von Marktposition und Wettbewerbsvorteilen	Hierzu zählen insbesondere **Risiken aus den Bereichen** Produkthaftung, Produktfehler, **Wettbewerbs- und Kartellrecht**, Schutzrechtsverletzungen, Patentrecht, Steuerrecht sowie Umweltschutz beziehungsweise Altlasten. Es kann nicht ausgeschlossen werden, dass in einigen dieser Verfahren für uns **negative Entscheidungen** ergehen. (…) Für bestimmte rechtliche Risiken haben wir **branchenübliche Versicherungen abgeschlossen, die wir als angemessen ansehen.** Für Rechtsstreitigkeiten bilden wir **Rückstellungen,** sofern es nach unserer Einschätzung wahrscheinlich ist, dass entsprechende, nicht oder nicht vollständig durch Versicherungen abgedeckte Verpflichtungen entstehen und eine adäquate Schadensschätzung möglich ist. (…)Eine Prognose von Verfahrensergebnissen ist jedoch vor allem in solchen Fällen mit erheblichen Schwierigkeiten verbunden, in denen die Anspruchsteller substanzielle oder unbestimmte Schadensersatzansprüche geltend machen. Im Hinblick darauf können wir keine Vorhersage darüber treffen, welche Verpflichtungen sich aus einem solchen Verfahren eventuell ergeben könnten. Daher können aus **Rechtsstreitigkeiten und Verfahren** auch eventuell **wesentliche Verluste** entstehen, die nicht durch unseren Versicherungsschutz oder durch Rückstellungen abgedeckt sind.	3 (da zwar Zusatz „Rückstellungen" und „ausreichende Absicherung durch Versicherungen" gegeben ist, es aber auch die Rede von „wesentlichen Verlusten" aus substanziellen oder unbestimmten Schadensersatzan sprüchen der Anspruchsteller.) 3
79	39f.	M04	Konjunkturelle Absatzmengen- und Absatzpreisschwankungen	Trotz der wirtschaftlichen Erholung sind wir weiterhin **Umfeldrisiken** ausgesetzt. Insbesondere das **Umfeld im Industriebereich** birgt Risiken und könnte zu	3

Seite	Zeile	Nr.	Bewertungskategorie	Rückgängen im Absatzvolumen führen Textstelle	Anmerkung/Relevanzen/Punkte
79	57f.	M05	Beschaffungsmarkt	Auf unseren Beschaffungsmärkten erwarten wir weiter steigende Preise bei wichtigen Rohstoffen und Verpackungsmaterialien.	0
			Finanzrisiken		
81	76f.	F01	Finanzielle Stabilität und Liquidität	Das **Liquiditätsrisiko** ist definiert als Risiko, dass die Gesellschaft ihren finanziellen Verpflichtungen nicht jederzeit nachkommen kann. Diesem Risiko begegnen wir dadurch, dass wir **langfristige Finanzinstrumente einsetzen und über zusätzliche Liquiditätsreserven in Form von fest zugesagten Kreditlinien verfügen.**	2
80	14f.	F02	Zinsen und Währungen	Aus der globalen Ausrichtung unserer Geschäfte resultieren zwei Arten von **Währungsrisiken.** Das **Transaktionsrisiko** entsteht durch mögliche Wertänderungen zukünftiger **Fremdwährungszahlungen** aufgrund von Wechselkursschwankungen.	3
80	31f.			(...) Zur Steuerung der Risiken setzen wir hauptsächlich **Devisentermingeschäfte und Währungsswaps** ein.	
80	33f.	F02		Das **Translationsrisiko** beschreibt das **Risiko** einer Veränderung der Bilanz- sowie der Gewinn- und Verlust-Positionen einer Tochtergesellschaft aufgrund von Währungskursveränderungen bei der Umrechnung der lokalen Einzelabschlüsse in die Konzernwährung. Die Risiken aus der Umrechnung von Ergebnissen der Tochtergesellschaften in Fremdwährungen und aus Nettoinvestitionen in ausländische Gesellschaften (Hedge of a Net Investment in a Foreign Entity) werden nur in **Ausnahmefällen gesichert.**	3
80	44f.	F02		Das **Zinsrisiko** umfasst jeglichen **potenziell positiven oder negativen Einfluss von** Veränderungen der Zinsen auf das Ergebnis, das Eigenkapital oder den Cashflow der aktuellen und zukünftigen Berichtsperioden. Der **Einsatz** **zinstragender Finanzinstrumente** mit dem Ziel, das **Zinsergebnis des** Henkel-Konzerns zu optimieren, ist ein Bestandteil unserer Finanzpolitik	4 (da Zusatz „zur Optimierung des Zinsergebnisses" → Einsatz von Zinsfinanzinstru menten übe die

Seite	Zeile	Nr.	Bewertungskategorie	Textstelle	Absicherung hinaus!) Anmerkung/ Relevanzen/ Punkte
80	67f.	F02		Beim **Einsatz von Zinsswaps zur Fixierung eines Zinssatzes** werden die Ergebnisse des Zinsswaps im Eigenkapital abgegrenzt (Cashflow Hedge Accounting). In Abhängigkeit von der Zinserwartung schützt sich Henkel durch den Abschluss zusätzlicher sogenannter Zinscaps und Forward Rate Agreements vor kurzfristig steigenden Zinsen.	3
80		F03	Wertpapier- und Portfoliorisiken		0
80	67f.	F04	Derivate	Beim Einsatz von **Zinsswaps zur Fixierung eines Zinssatzes** werden die Ergebnisse des Zinsswaps im Eigenkapital abgegrenzt (Cashflow Hedge Accounting). In Abhängigkeit von der Zinserwartung **schützt** sich Henkel durch den Abschluss zusätzlicher sogenannter Zinscaps und Forward Rate Agreements vor **kurzfristig steigenden Zinsen.**	3
80	54f.	F05	Bonitäts- und Adressausfallrisiken	Wir begegnen dem **Forderungsausfallrisiko** im Rahmen unserer Global Credit Policy durch standardisierte Vorgehensweisen, ein proaktives Forderungsmanagement sowie durch **den Einsatz von Kreditversicherungen und Garantien.**	2 Zusatz „Kreditversicher ungen" impliziert die „ausreichende Versicherung")
80		F06	Risiken aus Beteiligungen		0
80		F07	Immobilien		0
80	59f.	F08	Investitionen und Finanzierung	**Ausfallrisiken** entstehen auch aus **finanziellen Investments,** zum Beispiel Bankguthaben und dem positiven Marktwert aus Derivaten. Solche **Risiken** werden von unseren Experten im Bereich Corporate Treasury durch die Auswahl bonitätsstarker Banken (mindestens A-Rating) und eine Limitierung der Anlagebeträge begrenzt.	3
80	70f.	F09	Pensionsrisiken	**Risiken aus Pensionsverpflichtungen** resultieren aus der **Veränderung von Zinsen, Inflationsraten, Gehaltstrends und der Veränderung der statistischen** Lebenserwartung der Pensionsberechtigten.	3

Seite	Zeile	Nr.	Bewertungskategorie	Textstelle	Anmerkung/ Relevanzen/ Punkte
				Um die Risiken aus Gehaltstrends und Langlebigkeit abzudecken und die Deckungslücke zwischen Pensionsvermögen und Pensionsverpflichtungen langfristig zu schließen, investieren wir als Beimischung in ein Return-Enhancing Portfolio, das Anlageklassen wie Aktien, Private Equity, Hedge fonds, Immobilien und Rohstoffinvestments enthält.	
80	92f.	F09		Das **Pensionsvermögen** kann bei negativer Entwicklung der Kapitalmärkte belastet werden. Diesem **Risiko** tragen wir durch eine breite Diversifizierung der Anlageklassen und der Instrumente innerhalb der Anlageklassen Rechnung.	3
			Politische und Rechtliche Risiken		
		R01	Rechtliches und politisches Umfeld		0
		R02	Gesellschaftliche Trends		0
		R03	Allgemeine Haftpflicht und Bürgschaft		0
81	103f.	R04	Produkthaftung	Hierzu zählen insbesondere **Risiken aus den Bereichen Produkthaftung, Produktfehler**, Wettbewerbs- und Kartellrecht, Schutzrechtsverletzungen, Patentrecht, Steuerrecht sowie Umweltschutz beziehungsweise Altlasten. Es kann nicht ausgeschlossen werden, dass in einigen dieser Verfahren für uns negative Entscheidungen ergeben.(…)Für bestimmte rechtliche Risiken haben wir branchenübliche Versicherungen abgeschlossen, die wir als angemessen ansehen. Für Rechtsstreitigkeiten bilden wir Rückstellungen, sofern es nach unserer Einschätzung wahrscheinlich ist, dass entsprechende, nicht oder nicht vollständig durch Versicherungen abgedeckte Verpflichtungen entstehen und eine adäquate Schadensschätzung möglich ist. (…)Eine Prognose von Verfahrensergebnissen ist jedoch vor allem in solchen Fällen mit erheblichen Schwierigkeiten verbunden, in denen die Anspruchsteller substanzielle oder unbestimmte Schadensersatzansprüche geltend machen. Im Hinblick darauf können wir keine Vorhersage darüber treffen, welche Verpflichtungen sich aus einem solchen Verfahren eventuell ergeben könnten. Daher können aus Rechtsstreitigkeiten und Verfahren auch eventuell wesentliche Verluste entstehen, die nicht durch unseren Versicherungsschutz oder durch Rückstellungen abgedeckt sind.	3 (s. Erläuterung zu M03)

Seite	Zeile	Nr.	Bewertungskategorie	Textstelle	Anmerkung/ Relevanzen/ Punkte
		R05	Vertragssicherheit und AGB		0
			Risiken aus Corporate Governance		
82	50f.	G01	Organisationsstruktur, Organisationsprozesse und Kompetenzen	Weiterhin müssen im Lauf einer Integration von erworbenen Unternehmen **logistische Abläufe harmonisiert werden**. (…) Mit frühzeitigen Risikoanalysen durch erfahrene Facheinheiten, gegebenenfalls unterstützt durch externe Berater, begrenzen wir solche **Risiken**.	3
82	46f.	G02	Betriebsklima und Motivation, Führungsstil	Mit unserer Strategie, **weltweit Prozesse zu vereinheitlichen und Produktionsstätten zu konzentrieren**, können zum **Beispiel Belastungen für die Beziehungen zu Mitarbeitern und Zulieferern** entstehen. (…)Mit frühzeitigen Risikoanalysen durch erfahrene Facheinheiten, gegebenenfalls unterstützt durch externe Berater, begrenzen wir solche **Risiken**.	3
80	35f.	G03	Personalrisiken allgemein	Dem stärker werdenden **Wettbewerb um hoch qualifizierte Fach- und Führungskräfte** begegnen wir durch enge Kontakte zu ausgewählten Universitäten und durch spezielle Rekrutierungsprogramme.	0 (da Zusatz „Risiko" nicht erwähnt wird)
80		G04	Risikokultur und Risikokommunikation		0
80	47f.	G05	Entlohnungs- und Anreizsystem	Die Grundlage dieser Förderung bilden eine regelmäßige Potenzial- und Leistungsanalyse und darauf aufbauend attraktive Qualifizierungsmöglichkeiten und leistungs-bezogene Vergütungssysteme.	0
			Leistungsrisiken (Wertschöpfungskette/ Unterstützungsprozesse)		
		L01	Wertschöpfungskette		0
79	96f.	L02	Risiken aus den Unterstützungsprozessen und sonstige Risiken	Risiken im Produktionsbereich bestehen für Henkel in **der Gefahr von zu niedriger Kapazitätsauslastung** aufgrund von Volumenrückgängen und in **eventuellen Betriebsunterbrechungen**, insbesondere bei sogenannten Single-Source-Standorten. Nachteilige Auswirkungen **möglicher Produktionsausfälle** lassen sich durch flexible Produktionssteuerung auffangen und durch **Versicherungsverträge wirtschaftlich**	2

Seite	Zeile	Nr.	Bewertungskategorie	sinnvoll absichern. Textstelle	Anmerkung/ Relevanzen/ Punkte
80	10f.	L02		Risiken im IT-Bereich sehen wir vor allem durch potenzielle unautorisierte Zugriffe und Datenverluste. Um diese abzuwenden, werden adäquate Genehmigungsprozesse, Zugriffsprofile und Technologien eingesetzt. Für alle kritischen Datenbestände werden täglich Datensicherungen erstellt, die an einen anderen Standort ausgelagert sind; außerdem führen wir regelmäßig sogenannte Restore-Tests durch.	3
		L03	Technische Risiken (Verfügbarkeit)		0
		L04	Sachanlageschäden (Exogene Einflüsse)		0
		L05	Kalkulationsrisiken		0
79	96f.	L06	Sonstige	Risiken im Produktionsbereich bestehen für Henkel in der Gefahr von zu niedriger Kapazitätsauslastung aufgrund von Volumenrückgängen und in eventuellen Betriebsunterbrechungen, insbesondere bei sogenannten Single-Source-Standorten. Nachteilige Auswirkungen möglicher Produktionsausfälle lassen sich durch flexible Produktionssteuerung auffangen und durch Versicherungsverträge wirtschaftlich sinnvoll absichern.	2
			Risikobericht Informationsgehalt		
79f.		KR1	Risikokategorien/ -felder definiert	Risikokategorien: Umfeld- und Branchenrisiken, Beschaffungsmarktrisiken, Produktionsrisiken, Informationstechnische Risiken, Personalrisiken, Finanzwirtschaftliche Risiken, Risiken aus Pensionsverpflichtungen, Rechtliche Risiken, Unternehmensstrategische Risiken.	3
80	35f.	KR2	Beschreibung des Risikos	Personalrisiken: Die zukünftige wirtschaftliche Entwicklung von Henkel wird wesentlich vom Engagement und von der Leistungsfähigkeit unserer Mitarbeiter getragen. Dem stärker werdenden Wett-bewerb um hoch qualifizierte Fach- und Führungskräfte begegnen wir durch enge Kontakte zu ausgewählten Universitäten und durch spezielle Rekrutierungsprogramme.	2
81	76f.	KR2		Das Liquiditätsrisiko ist definiert als Risiko, dass die Gesellschaft ihren finanziellen Verpflichtungen nicht jederzeit nachkommen kann. Diesem Risiko begegnen wir dadurch, dass wir langfristige Finanzinstrumente einsetzen und über zusätzliche Liquiditätsreserven in Form von fest zugesagten Kreditlinien verfügen.	2
78	25f.	KR3	Quantifizierung des Risikos	Die Risiken bewerten wir in einem zweistufigen Prozess hinsichtlich ihrer	1

Seite	Zeile	Nr.	Bewertungskategorie	Textstelle	Anmerkung/ Relevanzen/ Punkte
				Eintrittswahrscheinlichkeit und mögliche Schadenshöhe. In die Berichterstattung fließen Risiken ein, deren **Schadenshöhe 1 Mio. Euro oder 10 Prozent des jeweiligen Nettofremdumsatzes eines Landes übersteigt und denen eine Eintritts-wahrscheinlichkeit größer als null zugeordnet wird.**	
79	64f.	KR4	Beschreibung der Bewältigung	Preis- und Lieferrisiken wirken wir durch ein **umfassendes Risikomanagement** entgegen. Es beinhaltet eine **proaktive Steuerung unseres Lieferantenportfolios** durch unser global operierendes, bereichsübergreifendes Einkaufsmanagement und den **Einsatz von Strategien zur Preis- und Volumenabsicherung** sowohl über Verträge als auch – wo sinnvoll und möglich – mithilfe von finanziellen Sicherungsinstrumenten. Weiterhin arbeiten wir in **interdisziplinären Teams** (Forschung und Entwicklung, Supply Chain Management und Einkauf) **an alternativen Rezepturen und Verpackungen,** um auf unvorhergesehene Schwankungen bei Rohstoff-preisen flexibel reagieren zu können.	2
79	101f.	KR4		Nachteilige Auswirkungen möglicher Produktions-ausfälle lassen sich durch **flexible Produktionssteuerung** auffangen und durch Versicherungsverträge wirtschaftlich sinnvoll absichern. Hohe **Mitarbeiterqualifikation, klar definierte Sicherheitsstandards und die regelmäßige Wartung der Anlagen** minimieren solche Produktionsrisiken.	2
80	12f.	KR4		Um diese abzuwenden, werden **adäquate Genehmigungsprozesse, Zugriffsprofile und Technologien eingesetzt**. Für alle kritischen Datenbestände werden **täglich Datensicherungen** erstellt, die an einen anderen Standort ausgelagert sind; außerdem führen wir regelmäßig sogenannte Restore-Tests durch.	2
80	44f.	KR4		Mit gezielter **Mitarbeiterförderung** wirken wir dem Risiko entgegen, wertvolle Mitarbeiter nicht langfristig an uns binden zu können. Die Grundlage dieser Förderung bilden eine **regelmäßige Potenzial- und Leistungsanalyse** und darauf **aufbauend attraktive Qualifizierungsmöglichkeiten und leistungsbezogene Vergütungssysteme.**	2
82	7f.	KR4		Rechtlichen Risiken begegnen wir durch entsprechende **verbindliche Leitlinien, Verhaltensanweisungen und Schulungsmaßnahmen.** Durch den **ständigen Kontakt der zentralen Rechtsabteilung mit lokalen Anwälten** sowie durch unser **gesondertes Berichterstattungssystem** erfassen wir laufende Verfahren und potenzielle Risiken.	2

Seite	Zeile	Nr.	Bewertungskategorie	Textstelle	Anmerkung/ Relevanzen/ Punkte
82	56f.	KR5	Gesamtrisikoposition	Zum Zeitpunkt der Erstellung dieses Berichts sind **keine Risiken** im Zusammenhang mit der zukünftigen Entwicklung erkennbar, **die den Fortbestand** der Henkel AG & Co. KGaA oder des Konzerns **gefährden könnten**. Da wir keine Zweckgesellschaften haben, geht von dieser Seite auch kein Risiko aus. Eine Aggregation der wichtigsten Einzelrisiken ist nicht angemessen, da ein gleichzeitiges Eintreten der Einzelrisiken unwahrscheinlich ist. Unsere Risikoanalyse zeigt, dass die Risiken nicht dauerhaft die Vermögens-, Finanz- und Ertragslage der Henkel AG & Co. KGaA und des Konzerns beeinträchtigen. Im Gesamtbild ergibt sich im **Vergleich** zum Vorjahr **keine grundlegende Änderung der Risikolage**. In Bezug auf die bei Henkel vorgenommene Kategorisierung in Risikofelder zeigt sich weiterhin der **Schwerpunkt der Risiken auf den Umfeld- und Branchenrisiken sowie den finanzwirtschaftlichen Risiken**, auf die wir mit den beschriebenen Gegenmaßnahmen reagieren.	2
			Risikobericht Risikomanagementsystem		
80	64f.	KS1	Strategie/ Philosophie/ Politik	Solche **Risiken** werden von unseren Experten im Bereich Corporate Treasury durch die **Auswahl bonitätsstarker Banken (mindestens A-Rating) und eine Limitierung der Anlagebeträge begrenzt.**	2
79	1f.	KS1		Basis für sämtliche Rechnungslegungsprozesse ist der **Corporate Standard „Accounting"**; er enthält detaillierte Anweisungen für die Bilanzierung und das Reporting für alle wesentlichen Sachverhalte.	1
80	24f.	KS1		Henkel verfügt darüber hinaus über eine weltweit verbindliche interne **IT-Richtlinie**, zu deren Einhaltung auch externe Dienstleister verpflichtet sind.	1
78	7f.	KS2	Analyse	Dies umfasst die **systematische Identifikation, Bewertung, Steuerung, Dokumentation, Kommunikation und Überwachung von Risiken.**	1
78	25f.	KS2		Unser jährlicher **Risikoreporting-Prozess** beginnt damit, dass wir wesentliche Risiken nach definierten operativen (zum Beispiel Beschaffung und Produktion) und funktionalen (zum Beispiel Informationstechnologie und Personal) Risikofeldern mithilfe von Checklisten **identifizieren**. Die Risiken bewerten wir in einem zweistufigen Prozess hinsichtlich ihrer **Eintrittswahrscheinlichkeit und möglichen**	2

Seite	Zeile	Nr.	Bewertungskategorie	Schadenshöhe. Textstelle	Anmerkung/ Relevanzen/ Punkte
78	61f.	KS2		Entsprechend der Definition unseres Risikomanagementsystems liegt dessen Ziel hinsichtlich der Rechnungslegungsprozesse in der **Identifizierung, Bewertung und Steuerung all jener Risiken**, die einer regelkonformen Erstellung unseres Jahres- und Konzernabschlusses entgegenstehen.	1
80	5f.	KS2		Dabei **analysieren** wir Investitionen im Vorfeld detailliert auf Risikoaspekte. **Projektbegleitende Prüfungen** bilden die Grundlage für eine erfolgreiche Projektsteuerung und eine wirksame Risikoreduzierung.	1
82	52f.	KS2		Mit **frühzeitigen Risikoanalysen** durch erfahrene Facheinheiten, gegebenenfalls unterstützt durch externe Berater, begrenzen wir solche Risiken.	1
78	25f.	KS3	Aggregation	Die Risiken bewerten wir in einem zweistufigen Prozess hinsichtlich ihrer **Eintrittswahrscheinlichkeit und möglichen Schadenshöhe**. In die Berichterstattung fließen Risiken ein, deren Schadenshöhe 1 Mio. Euro oder 10 Prozent des jeweiligen Nettofremdumsatzes eines Landes übersteigt und denen eine Eintrittswahrscheinlichkeit größer als null zugeordnet wird. (...) Eine **Aggregation** der wichtigsten Einzelrisiken ist nicht angemessen, da ein gleichzeitiges Eintreten der Einzelrisiken unwahrscheinlich ist.	2
82	65f.				
78	2f.	KS4	Aufbau- und Ablauforganisation	Das Risikomanagementsystem (RMS) bei Henkel ist **integraler Bestandteil sämtlicher Planungs-, Controlling- und Berichterstattungssysteme** in den einzelnen Gesellschaften, den Unternehmensbereichen sowie auf Konzernebene.	1
78	14f.	KS4		**Grundsätze, Prozesse und Verantwortlichkeiten im Risikomanagement** haben wir in einer **konzernweit gültigen Richtlinie geregelt**. Bei der kontinuierlichen Weiterentwicklung unserer Richtlinien und Systeme berücksichtigen wir neue Erkenntnisse. Unser Risikomanagement folgt somit einem **ganzheitlichen, integrativen Ansatz zum** systematischen Umgang mit Risiken.	2
78	76f.	KS4		Die aufeinander abgestimmten Teilsysteme des internen Kontrollsystems liegen in der **Verantwortung der Bereiche des Risikomanagements**, der Compliance, des Corporate Accounting, von Corporate Finance und der Financial Operations. Innerhalb dieser Bereiche greift eine **Vielzahl von Kontrollebenen ineinander** und sorgt für eine Multi-Stabilität des internen Kontroll- und Risikomanagementsystems.	2
82	90f.	KS4		Der **Vorstand wird über alle wesentlichen Risiken** und über die bestehenden	2

Seite	Zeile	Nr.	Bewertungskategorie	Textstelle	Anmerkung/ Relevanzen/ Punkte
				Sicherungsgeschäfte regelmäßig umfassend **informiert**.	
78	10f.	KS5	Steuerung und Überwachung	Im Rahmen der Corporate Governance tragen sowohl **Risikosteuerung und - überwachung als auch das Interne Kontrollsystem (IKS)** zum Risikomanagement bei.	2
78	47f.	KS5		Alle Prozesse des Risikomanagements werden durch eine **intranetbasierte Datenbank** unterstützt. Sie stellt eine transparente Kommunikation im Gesamtunternehmen sicher.	2
78	51f.	KS5		Im Rahmen der **Abschlussprüfung** 2010 hat der **Abschlussprüfer** die Struktur und Funktion unseres Risikofrüherkennungssystems geprüft und dessen Ordnungsmäßigkeit bestätigt.	0
78	84f.	KS5		Diese wird zudem durch umfangreiche Wirksamkeitstests der **internen Revision regelmäßig geprüft.**	1
79	92f.	KS5		Die Basis für ein erfolgreiches Risikomanagement liefert ein **umfassendes Einkaufsinformationssystem.**	2
80	59f.	KS5		Neben einem **detaillierten lokalen Monitoring** überwachen wir unsere wichtigster Kundenbeziehungen auch auf globaler Ebene.	2

Abb.11 Codiertabelle HUGO BOSS 2010 1

Zitiert aus: Geschäftsbericht 2010. (08.02.2013).2010, http://annualreport-2010.hugoboss.com/

Seite	Zeile	Nr.	Bewertungskategorie	Textstelle	Anmerkung/ Relevanzen/ Punkte
			Sonstiges		
256			Seitenzahlen Geschäftsbericht	256 Seiten	
126			Seitenzahlen Risikobericht	15 Seiten	
96			Umsatz laut Geschäftsbericht in Mrd. Euro	1,729 Mrd. Euro	S.126-S.140
103			Gewinn nach Steuern laut Geschäftsbericht in Mrd. Euro	0,189 Mrd. Euro	s. Konzernergebnis
111			Eigenkapitalquote	26,65%	EK (361,2 Mio.€/ GK (1.355,4 Mio. €)
54			Marktkapitalisierung in Mrd. Euro	3,717 Mrd. Euro	
54			Free-Float-Anteil	???	nicht angegeben
			Letzter Kurs im Jahr des Geschäftsberichts	49,23 Euro	zum 31.12.2010
			Branche	4 – Consumer Discretionary Sector	laut Excel-Tabelle
			Risikofelder		
			Strategische Risiken		
126	2f.	S01	Kernaussagen, Prämissen und Konsistenz der Strategie	Die Risiko- und Chancenpolitik des HUGO BOSS Konzerns verfolgt neben der Bestandssicherung des Unternehmens das Ziel der **nachhaltigen Steigerung des Unternehmenswertes** sowie die **Erreichung finanzieller und strategischer Unternehmensziele.**	0
126	8f.	S01		Die **Entscheidung zur Verfolgung identifizierter Chancen** orientiert sich an der mittel- und langfristigen Unternehmensstrategie. Mit ihnen verbundene Risiken werden dabei berücksichtigt.	0
		S02	Geschäftsfeldstruktur		0
		S03	Bedrohung kritischer Erfolgsfaktoren und strategischer Ziele		0

Seite	Zeile	Nr.	Bewertungskategorie	Textstelle	Anmerkung/ Relevanzen/ Punkte
127	37f.	M01	**Marktrisiken** Markttrends: Chancen und Gefahren	Als Mode- und Lifestyle-Unternehmen ist HUGO BOSS mit jeder neuen Kollektion durch sich verändernde Fashion- und Lifestyle-Trends **Branchenrisiken** ausgesetzt. Die Herausforderung besteht darin, einerseits die richtigen Trends rechtzeitig zu erkennen und andererseits diese rasch in eine unverwechselbare Kollektionsaussage umzusetzen.	Gefahr 3
138	40f.	M01		In vielen **Schwellenländern** werden in den kommenden Jahren **erhebliche Steigerungen des Pro- Kopf**-Einkommens erwartet. (...) Der Konzern sieht sich aufgrund seiner strategischen Ausrichtung und Markenstärke in einer guten Position, um von dieser Entwicklung zu profitieren.	Chance 0
139	2f.	M01		HUGO BOSS hat die **internationale Expansion seiner Geschäftsaktivitäten** in den letzten Jahren stark vorangetrieben. (...) Durch die verbesserte regionale Balance seiner Geschäftstätigkeit macht sich der Konzern unabhängiger von den konjunkturellen Schwankungen einzelner Wirtschaftsräume. Er profitiert zudem von der oftmals überdurchschnittlichen Profitabilität sich entwickelnder Märkte.	Chance 0
140	12f.	M01		Das **Internet** wird sowohl als **Vertriebskanal** wie auch als **Kommunikationsmedium** für das Premium- und Luxusgütersegment der globalen Bekleidungsindustrie immer wichtiger. (...) Der Konzern sieht in der intelligenten Nutzung digitaler Kommunikationskanäle gute Chancen, bestehende Kundenbeziehungen zu stärken und neue Kunden zu gewinnen. Außerdem bietet die **zunehmende Integration der Onlineaktivitäten mit dem stationären Einzelhandel** durch eine kanalübergreifende Kundenansprache und innovative Serviceangebote gute **Wachstumschancen.**	Chance 0
139	33f.	M02	Marktattraktivität und Wettbewerbskräfte	HUGO BOSS ist auf Basis seiner **Produktkompetenz** und der über die letzten zehn Jahre etablierten **Wahrnehmung und Glaubwürdigkeit im Damenmodemarkt** zuversichtlich, die Attraktivität seiner Marken in diesem Kundensegment steigern zu können und Marktanteile hinzuzugewinnen.	Chance 0
128	9f.	M03	Bedrohung von Marktposition und Wettbewerbsvorteilen	Der **wirtschaftliche Erfolg** von HUGO BOSS beruht auf dem **Markenimage und** einer **langfristig starken Positionierung der Kernmarke BOSS sowie der Trendmarke HUGO** im hochwertigen Premium- und Luxusgütermarkt. Daher haben Schutz und Erhalt des Markenimages bei HUGO BOSS eine entsprechend hohe Priorität.	0

Seite	Zeile	Nr.	Bewertungskategorie	Textstelle	Anmerkung/ Relevanzen/ Punkte
128	14f.	M03		Insbesondere der **rechtliche Schutz der Marke** und die **Verfolgung von Produktpiraterie** sind wichtiger Bestandteil zur Sicherung des Markenimages. Diesem **Risiko** begegnet HUGO BOSS mit einem weltweit einheitlichen Markenauftritt sowie der laufenden Beobachtung und Analyse der Märkte.	3
134	33f.	M03		Zur **Vermeidung von Vertriebsrisiken** wird auf eine ausgewogene Kundenstruktur geachtet. Durch die Expansion der eigenen Einzelhandelsaktivitäten wird die Abhängigkeit vom Handel reduziert.	3
139	11f.	M03		HUGO BOSS sieht sich im **globalen Bekleidungsmarkt gut positioniert.** (…) Der Konzern sieht auch zukünftig gute **Chancen**, auf Basis seiner Positionierung im Premium- und Luxussegment Kunden aus benachbarten Preissegmenten anzuziehen.	Chance 0
140	4f.	M03		Ausgehend von seinen historischen Wurzeln im Herrenkonfektionsbereich hat sich der Konzern damit auch im **Freizeit- und Sportbekleidungs-Markt als Anbieter qualitativ führender Mode mit hohem Designanspruch** etabliert. Verbunden mit der zunehmenden Akzeptanz hochwertiger Freizeitmode im geschäftlichen Kontext lässt sich damit **erhebliches** weiteres **Wachstumspotenzial** ableiten.	Chance 0
127	24f.	M04	Konjunkturelle Absatzmengen- und Absatzpreisschwankungen	Die **Gesamtwirtschaftliche Risiken**, denen sich der HUGO BOSS Konzern gegenübersieht, sind im **Zusammenhang mit der weltweiten Konjunkturlage** zu beurteilen, aus der sich ein **reduziertes Nachfrageverhalten** bei Textilgütern und Accessoires des Premium- und Luxusmarktes ergeben kann.	3
133	26f.	M05	Beschaffungsmarkt	**Lohnerhöhungen** in aufstrebenden Regionen und steigende **Rohstoffpreise** beinhalten das **Risiko** steigender Produktionskosten beziehungsweise geringerer Margen.	3
133	22f.	M05		Dem daraus folgenden potenziellen Risiko einer zu **hohen Konzentration auf einzelne Lieferanten und Beschaffungsmärkte** wird durch einen angemessenen Eigenproduktionsanteil entgegengewirkt.	3
			Finanzrisiken		
129	10f.	F01	Finanzielle Stabilität und Liquidität	Das Management des **Liquiditätsrisikos** zählt zu den zentralen Aufgaben der Treasury-Abteilung der HUGO BOSS AG. Das **Liquiditätsrisiko** besteht darin, dass aufgrund unzureichender Verfügbarkeit von Zahlungsmitteln bestehenden oder zukünftigen Zahlungsverpflichtungen nicht nachgekommen werden kann. Um	3

Seite	Zeile	Nr.	Bewertungskategorie	Textstelle	Anmerkung/ Relevanzen/ Punkte
				jederzeit die Zahlungsfähigkeit und die finanzielle Flexibilität des Konzerns sicherzustellen, wird auf Basis einer dreijährigen Finanzplanung sowie einer monatlich rollierenden währungsdifferenzierten Liquiditätsplanung auf Jahresbasis der Finanzbedarf ermittelt und **durch Kreditlinien sowie liquide Mittel abgesichert.**	3
129	29f.	F02	Zinsen und Währungen	Das **Zinsänderungsrisiko** tritt durch marktbedingte Schwankungen der Zinssätze auf. Sie wirken sich zum einen auf die Höhe der Zinsaufwendungen im HUGO BOSS Konzern aus, zum anderen beeinflussen sie den Marktwert von Finanzinstrumenten. (...)	3
130	20f.	F02		Aufgrund der in der Sensitivitätsanalyse veranschaulichten Auswirkungen von Zinsänderungen um $+100 / -30$ Basispunkte auf die Finanzinstrumente, wird das **Zinsänderungsrisiko** des HUGO BOSS Konzerns als **gering** eingestuft.	2
130	26f.	F02		Im operativen Geschäft entstehen **Währungsrisiken** primär dann, wenn die Umsatzerlöse in einer anderen als der funktionalen Währung der Gesellschaft anfallen (Transaktionsrisiko) sowie durch konzerninterne Finanzierungstätigkeiten in Nicht-Euro-Gesellschaften.	3
130	31f.	F02		Um das **Wechselkursrisiko** zentral zu steuern, werden in der Regel die konzerninternen Aufträge in lokaler Währung abgerechnet. Das Wechselkursrisiko ergibt sich daher aus den Zahlungsströmen in lokaler Währung der Tochterunternehmen und dem Euro als funktionale Währung der HUGO BOSS AG sowie dem Schweizer Franken als funktionale Währung der HUGO BOSS Ticino S.A., Schweiz.	3
131	1f.	F02		Die **Währungsrisiken** des HUGO BOSS Konzerns aus dem operativen Geschäft entstehen dabei hauptsächlich aus der Geschäftstätigkeit in den USA, Großbritannien, Australien, Kanada, der Schweiz, Japan, Hongkong und China.	3
132	8f.	F03	Wertpapier- und Portfoliorisiken	Zur **Absicherung zukünftiger Aufwendungen** im Zusammenhang mit dem **aktienbasierten Vergütungsprogramm** „Stock Appreciation Rights Program" werden durch den HUGO BOSS Konzern **derivative Instrumente** eingesetzt. (...) Daher ist das **Risiko** einer negativen Auswirkung auf die Vermögens-, Finanz- und Ertragslage aus Sicht des HUGO BOSS Konzerns als gering einzuschätzen.	2

Seite	Zeile	Nr.	Bewertungskategorie	Textstelle	Anmerkung/ Relevanzen/ Punkte
129	2f.	F04	Derivate	Zu den zentralen Aufgaben des HUGO BOSS Konzerns gehört es, den Finanzbedarf innerhalb des Konzerns zu koordinieren, zu lenken, die finanzielle Unabhängigkeit des Gesamtunternehmens sicherzustellen sowie die **finanziellen Risiken auch unter Einsatz von Finanzinstrumenten zu reduzieren.**	2
129	35f.	F04		Um die **Auswirkungen von künftigen Zinsvolatilitäten auf die Finanzierungskosten der Kredite zu minimieren,** werden fallweise **derivative Finanzinstrumente in Form von Zinsswaps eingesetzt.** Derivate, die in eine wirksame Sicherungsbeziehung eingebunden sind, haben dabei bei Zinsänderungen Auswirkungen auf das Eigenkapital, Derivate ohne Sicherungsbeziehung werden ergebniswirksam erfasst.	2
131	15f.	F04		Zur etwaigen **Absicherung** des verbleibenden Exposures können **Devisentermin- und Swapgeschäfte sowie Plain-Vanilla-Devisenoptionen herangezogen werden.**(...) Die eingesetzten derivativen Finanzinstrumente dienen ausschließlich dazu, **Grundgeschäfte abzusichern,** deren Handel im OTC-Markt erfolgt.	2
132	17f.	F05	Bonitäts- und Adressausfallrisiken	Der Konzern ist bei Finanzinstrumenten einem (Banken)-**Ausfallrisiko** ausgesetzt, das aus der möglichen Nichterfüllung einer Vertragspartei resultiert und daher maximal in Höhe des positiven beizulegenden Zeitwerts des betreffenden Finanzinstruments besteht.(...). HUGO BOSS geht davon aus, dass die Risikokonzentration gering ist, und betrachtet die **Ausfallwahrscheinlichkeit von Kontrahenten als sehr gering.**	3
134	10f.	F05		Das **Risiko von Forderungsausfällen** ist sowohl abhängig von der gesamtwirtschaftlichen Entwicklung als auch von der individuellen finanziellen Situation der Kunden. Der HUGO BOSS Konzern ist somit **negativen Auswirkungen durch Zahlungsunfähigkeit oder Insolvenzen von Handelspartnern sowie kumulierten Ausfällen** durch eventuelle konjunkturelle Verschlechterung in einzelnen Märkten und Regionen ausgesetzt.	3
		F06	Risiken aus Beteiligungen		0
		F07	Immobilien		0
128	32f.	F08	Investitionen und Finanzierung	Mit Retailaktivitäten sind **Investitions- und Kostenrisiken** aufgrund von Investitionen in den Geschäftsaufbau, langfristigen Mietverträgen und einer zwangsläufigen Erhöhung der Fixkosten verbunden. Um das **Risiko von Fehlinvestitionen und unprofitablen konzerneigenen Einzelhandelsgeschäften**	3

Seite	Zeile	Nr.	Bewertungskategorie	Textstelle	Anmerkung/ Relevanzen/ Punkte
		F09	Pensionsrisiken	so gering wie möglich zu halten, werden Entscheidungen für Neueröffnungen sowie Schließungen zentral, in Absprache mit den zuständigen Regionaldirektoren, getroffen.	0
			Politische und Rechtliche Risiken		
127	44f.	R01	Rechtliches und politisches Umfeld	Als international agierender Modekonzern ist HUGO BOSS auch einem **Länderrisiko** ausgesetzt. Um dieses so gering wie möglich zu halten, werden HUGO BOSS Produkte überwiegend nur in Ländern mit stabilem ökonomischem sowie politischem Umfeld vertrieben. Wie für alle Unternehmen besteht eine mögliche **Gefahr** für die Vermögens-, Finanz- und Ertragslage des Unternehmens in Form von terroristischen Handlungen und Umweltkatastrophen.	3
		R02	Gesellschaftliche Trends		0
		R03	Allgemeine Haftpflicht und Bürgschaft		0
135	12f.	R04	Produkthaftung	**Haftungsrisiken** werden durch weltweit wirksame **Versicherungen** reduziert. Für Gerichts- und Rechtsberatungskosten sind im abgelaufenen Geschäftsjahr **Rückstellungen in ausreichender Höhe** gebildet worden.	2 (da Zusatz „ausreichende Rückstellungen")
		R05	Vertragssicherheit und AGB		0
			Risiken aus Corporate Governance		
128	24f.	G01	Organisationsstruktur, Organisationsprozesse und Kompetenzen	Das **Corporate Image** des HUGO BOSS Konzerns reflektiert sich in der Wahrnehmung der Stakeholder, wie z.B. Kunden, Aktionäre, Lieferanten und Mitarbeiter. Um mögliche negative Auswirkungen auf das Corporate Image aufgrund von Nichteinhaltung von Gesetzen, Standards und Richtlinien zu vermeiden, werden Lieferanten zur Einhaltung von Sozialstandards verpflichtet. Ein unternehmensweiter Verhaltenskodex, ergänzt durch spezifische Richtlinien, stellt ein regelkonformes Verhalten der Mitarbeiter sicher.	0
135	19f.	G01		HUGO BOSS zeichnet sich durch eine **vertrauensbasierte Unternehmenskultur mit flachen Hierarchien** aus. Auf jeder Ebene ist eigenverantwortliches Handeln und Denken gefordert. Der **Zugang zu vertraulichen Informationen** sowie die **Übertragung hoher unternehmerischer Verantwortung** bergen trotz	3

Seite	Zeile	Nr.	Bewertungskategorie	Textstelle	Anmerkung/ Relevanzen/ Punkte
				ausgebauter und mehrstufiger Prüfungs- und Kontrollmechanismen grundsätzlich das **Risiko des Missbrauchs.**	0
		G02	Betriebsklima und Motivation, Führungsstil		0
135	15f.	G03	Personalrisiken allgemein	**Personalrisiken** ergeben sich im Wesentlichen durch **Personalbeschaffung, mangelnde Qualifikation und Fluktuation.**	3
126	16f.	G04	Risikokultur und Risikokommunikation	Darüber hinaus sind alle Mitarbeiter des HUGO BOSS Konzerns zu risikobewusstem Handeln und zur Vermeidung existenzgefährdender Risiken verpflichtet.	0
		G05	Entlohnungs- und Anreizsystem		0
			Leistungsrisiken (Wertschöpfungskette/ Unterstützungsprozesse)		
134	3f.	L01	Wertschöpfungskette		0
135	2f.	L02	Risiken aus den Unterstützungsprozessen und sonstige Risiken	Um **Risiken aus der Kommunikations- und Informationstechnologie** wie **Systemunterbrechungen, Datenverluste und unberechtigte Zugriffe** zu verringern, werden verschiedene Maßnahmen in Form von mehrstufigen Sicherheits- und Virenkonzepten, Vergabe von Zugriffsrechten, Zugangskontrollsystemen und unabhängiger Energieversorgung umgesetzt.	3
133	16f.	L03	Technische Risiken (Verfügbarkeit)	Die intensive Zusammenarbeit mit Partnern kann **Beschaffungs-, Produktions- und Logistikrisiken** mit sich bringen. Um die zuverlässige **Verfügbarkeit von Produktionsmaterialien und -kapazitäten** in geeigneter Qualität und zu marktgerechten Preisen sicherzustellen, werden Bestellungen bei Lieferanten, Kapazitätsauslastung der Produzenten sowie deren Belieferung mit Rohware zentral koordiniert. Durch die Umsetzung eines „Preferred Supplier"-Konzepts wurde die Zusammenarbeit mit ausgewählten Lieferanten weiter intensiviert.	3
128	3f.	L04	Sachanlageschäden (Exogene Einflüsse)	Eine praktische **Relevanz von Umweltkatastrophen** ist beispielsweise im Hinblick auf **Erdbebenrisiken am Produktionsstandort** in der Türkei gegeben. Ein mögliches Schadenpotenzial und Verlagerungsmöglichkeiten wurden identifiziert und die Risiken eines finanziellen Schadens weitestgehend über **Versicherungen abgedeckt.**	2 (da Zusatz „über Versicherungen abgedeckt")
		L05	Kalkulationsrisiken		0
134	3f.	L06	Sonstige	Durch den Aufbau eines zentralen Distributionszentrums für Hängewaren am Sitz	2

Seite	Zeile	Nr.	Bewertungskategorie	Textstelle	Anmerkung/ Relevanzen/ Punkte
				der Konzernzentrale in Metzingen wurde dieser Konsolidierungstrend verstärkt. Um dem **Risiko entgegenzutreten, Teile der Roh- oder Fertigwaren und damit Umsätze durch Lieferunfähigkeit zu verlieren,** werden strategisch wichtige Lager selbst betrieben sowie umfangreiche technische und organisatorische Maßnahmen zum Brandschutz und zur Sicherheit umgesetzt und deren Einhaltung kontinuierlich überprüft. Zudem hat HUGO BOSS das **unmittelbare finanzielle Risiko eines Warenverlusts in Lagern** sowie des **Ausfalls eigener Produktionsstätten über Versicherungen abgedeckt.**	3
134	28f.	L06		Das Vorratsmanagement wird auch künftig von **großer Bedeutung** sein. Die Herausforderung besteht darin, bei optimierten Beständen dennoch auf kurzfristige Eingänge von Kundenorders reagieren zu können. Zur Minderung der **Vorratsrisiken** und zur generellen Optimierung der Bestände wird das Replenishment in einem zentralen Verantwortungsbereich koordiniert.	3
			Risikobericht Informationsgehalt		
126	33f.	KR1	Risikokategorien/ -felder definiert	Die für HUGO BOSS relevanten Risiken lassen sich in **externe und interne Risiken** gliedern. Letztere lassen sich weiterhin in **strategische, finanzielle, operative und unternehmensorganisatorische Risiken** unterteilen.	3
127	24f.	KR2	Beschreibung des Risikos	Die **Gesamtwirtschaftliche Risiken,** denen sich der HUGO BOSS Konzern gegenübersieht, sind im Zusammenhang mit der weltweiten Konjunkturlage zu beurteilen, aus der sich ein reduziertes Nachfrageverhalten bei Textilgütern und Accessoires des Premium- und Luxusmarktes ergeben kann. Zeitlich vorgelagerte Ordereingänge sind ein wichtiger Frühwarnindikator für eine rechtzeitige Prognose der Auswirkungen möglicher gesamtwirtschaftlicher Risiken.	2
133	22f.	KR2		Dem daraus folgenden **potenziellen Risiko einer zu hohen Konzentration auf einzelne Lieferanten und Beschaffungsmärkte** wird durch einen angemessenen Eigenproduktionsanteil entgegengewirkt.	3
127	7f.	KR3	Quantifizierung des Risikos		0
127	28f.	KR4	Beschreibung der Bewältigung	HUGO BOSS verfolgt durch ein **klares Markenprofil** die Strategie, sich weitere Marktanteile in einem wettbewerbsintensiven Umfeld zu sichern. Ein auf **internationales Wachstum angelegtes Geschäftsmodell** erschließt zudem neue Konsumentenpotenziale und trägt zur Kompensation von möglichen Nachfragerückgängen in einzelnen Märkten bei. Weiterhin wird eine	2

Seite	Zeile	Nr.	Bewertungskategorie	Textstelle	Anmerkung/ Relevanzen/ Punkte
128	14f.	KR4		**ausgeglichene Verteilung des Umsatzes auf verschiedene Regionen** angestrebt, um eine zu starke Abhängigkeit von Einzelmärkten zu vermeiden. Diesem Risiko begegnet HUGO BOSS mit einem weltweit einheitlichen Markenauftritt sowie der **laufenden Beobachtung und Analyse der Märkte.**	1
127	40f.	KR4		Diesem Risiko begegnet HUGO BOSS mit intensiven **Analysen der Zielgruppen und Märkte sowie dem Einsatz unterschiedlicher Designteams** für die jeweiligen Marken und Linien. Darüber hinaus stellen **Zwischenkollektionen** sicher, dass Trends zeitnah umgesetzt werden können. Ebenso sind **Initiativen implementiert,** die auf eine Verkürzung der Produktentwicklungszyklen zur schnelleren Reaktion auf Markttrends abzielen.	2
129	17f.	KR4		Dem Finanzierungsrisiko beugt HUGO BOSS durch **ausreichende Verfügbarkeiten von Kreditlinien** vor. Die finanzielle Flexibilität ist durch eine **mittelfristige syndizierte Kreditlinie** in Höhe von 750 Mio. EUR sichergestellt. Neben der Konsortialfinanzierung verfügt HUGO BOSS über **kurzfristige bilaterale Kreditlinien** in Höhe von 83 Mio. EUR, wodurch die Flexibilität erweitert wird. Durch einen **konzerninternen Finanzausgleich und durch Cash-Pooling-Verfahren** wird das Liquiditäts- sowie Finanzierungsrisiko weiter minimiert. Neben den Kreditlinien zum 31. Dezember 2010 in Höhe von 833 Mio. EUR verfügte der Konzern zum Bilanzstichtag über 295 Mio. EUR liquide Mittel. Daher schätzt HUGO BOSS die Eintrittswahrscheinlichkeit von Finanzierungs- und Liquiditätsrisiken als sehr niedrig ein.	2
133	26f.	KR4		Der HUGO BOSS Konzern reagiert hierauf mit einer **margenbasierten Kollektionsplanung,** um eine frühzeitige Reaktion auf steigende Produktionskosten sicherzustellen. Mögliche negative Auswirkungen auf die Rohertragsmarge werden durch den **Ausbau und die fortgesetzte Professionalisierung des Retailgeschäfts, unternehmensweite Maßnahmen zur Effizienzsteigerung** bei Produktions- und Beschaffungsprozessen, **Verbesserung des Materialeinsatzes sowie eine konsequente Umsetzung der Preispolitik** verringert.	2
135	33f.	KR5	Gesamtrisikoposition	**Einzelne oder aggregierte Risiken, die den Fortbestand des Unternehmens gefährden könnten,** sind nach derzeitiger Informationslage **nicht erkennbar.**	1

Seite	Zeile	Nr.	Bewertungskategorie	Textstelle	Anmerkung/ Relevanzen/ Punkte
			Risikobericht Risikomanagementsystem		
132	17f.	KS1	Strateg¡e/ Philosophie/ Politik	Zur Minimierung der **Ausfallrisiken** werden im HUGO BOSS Konzern Finanzinstrumente im Finanzierungsbereich grundsätzlich nur mit Kontrahenten **sehr guter Bonität unter Einhaltung vorgegebener Risikolimits** abgeschlossen. Nur in Ausnahmefällen und durch Genehmigung des Vorstands dürfen auch mit Banken niedrigerer Bonität innerhalb enger Limits und Laufzeiten Anlagen getätigt oder Derivategeschäfte abgeschlossen werden.	2 (da Zusatz „angestrebtes Rating" genauer erklärt wird)
135	2f.	KS1		Ein reibungsloser Geschäftsablauf wird durch eine konzernweit **einheitliche IT-**Infrastruktur ermöglicht.	1
136	3f.	KS1		Das Interne Kontroll- und Risikomanagementsystem in Bezug auf den Rechnungslegungsprozess und die Abschlusserste11ung des HUGO BOSS Konzerns hat zum Ziel, sämtliche Geschäftsvorfälle bilanziell richtig zu erfassen, aufzubereiten und zu würdigen. Die klare Definition von Verantwortungsbereichen im Finanzbereich der HUGO BOSS AG und die geeignete Aus- und Fortbildung der Mitarbeiter bilden neben der Verwendung von adäquater Software sowie der **Vorgabe von einheitlich anzuwendenden Richtlinien** die Grundlage für einen ordnungsgemäßen, effizienten und konsistenten Rechnungslegungsprozess.	1 („Richtlinien" wurde hierbei „Standard" gleichgesetzt)
126	15f.	KS2	Analyse	Durch eine regelmäßige Berichterstattung werden Risiken rechtzeitig **identifiziert, analysiert und überwacht** und somit eine umfangreiche Transparenz der Risikosituation geschaffen.	1
128	3f.	KS2		Eine praktische Relevanz von Umweltkatastrophen ist beispielsweise im Hinblick auf Erdbebenrisiken am Produktionsstandort in der Türkei gegeben. Ein mögliches **Schadenpotenzial** und Verlagerungsmöglichkeiten wurden **identifiziert und die Risiken eines finanziellen Schadens** weitestgehend über Versicherungen abgedeckt.	1
126	20f.	KS2		Um Risiken und Chancen **frühzeitig zu erkennen, diese zu analysieren, zu steuern, zu überwachen** und gegebenenfalls mit risikominimierenden Maßnahmen entgegenzuwirken, erfolgt die Koordination des Konzernweiten Risikomanagements zentral im Bereich „Risiko- und Versicherungsmanagement" der HUGO BOSS AG. Dieser entwickelt **die Instrumente des Risikomanagement-** Systems kontinuierlich weiter und stellt sicher, dass Risiken und Chancen unternehmensweit systematisch nach einer einheitlichen Methode und	1

Seite	Zeile	Nr.	Bewertungskategorie	Textstelle	Anmerkung/ Relevanzen/ Punkte
				regelmäßig innerhalb der festgelegten Intervalle erfasst werden.	
129	23f.	KS2		Neben den Kreditlinien zum 31. Dezember 2010 in Höhe von 833 Mio. EUR verfügte der Konzern zum Bilanzstichtag über 295 Mio. EUR liquide Mittel. Daher schätzt HUGO BOSS die **Eintrittswahrscheinlichkeit** von Finanzierungs- und Liquiditätsrisiken als sehr niedrig ein.	z.T. 2 (es fehlt der Zusatz „Schadenshöhe" hierbei) → 1
127	15f.	KS2		Durch die **kontinuierliche Überwachung von Frühwarnindikatoren können Planabweichungen** rechtzeitig erkannt werden. Meldeketten und das Einleiten geeigneter, im Vorfeld definierter Gegenmaßnahmen gewährleisten eine rasche Reaktion im Eintrittsfall eines Risikos.	2 (da Zusatz „Planabweichunge n" erwähnt wird)
135	29f.	KS2		Die Muttergesellschaft sowie auch alle Tochtergesellschaften arbeiten mit der gleichen Art der **Risikoanalyse** und des **Risikomanagements**, welches die organisatorische Voraussetzung für das **rechtzeitige Erkennen von Risiken** ist.	1
138	23f.	KS3	Aggregation	HUGO BOSS betrachtet **Chancen immer auch im Zusammenhang mit verbundenen Risiken.**	0 (da Zusatz „Zusammenhang" gleichbedeutend mit Wechselwirkung ist – es fehlen hierbei aber die obligatorischen weiteren Angaben)
135	33f.	KS3		**Einzelne oder aggregierte Risiken, die den Fortbestand des Unternehmens gefährden könnten,** sind nach derzeitiger Informationslage **nicht** erkennbar.	0 (da nur einer von mind. zwei obligatorischen Schlüsselbegriffen „aggregiert" verwendet worden ist)
126	27f.	KS4	Aufbau- und Ablauforganisation	Die **Verantwortung für den adäquaten Umgang mit Risiken und die Umsetzung** wirksamer risikoreduzierender Maßnahmen liegt dezentral in den **jeweiligen Unternehmensbereichen,** in denen die Risiken auftreten können.	2

Hierzu sind je Bereich **Risikoverantwortliche** (Risk Owner) definiert.

Seite	Zeile	Nr.	Bewertungskategorie	Textstelle	Anmerkung/ Relevanzen/ Punkte
126	32f.	KS4		**Vorstand und Aufsichtsrat** werden regelmäßig über die Risikolage, die Entwicklung der wichtigsten Risiken sowie neu hinzugekommene Risiken informiert.	2
136	3f.	KS4		**Das Interne Kontroll- und Risikomanagementsystem** in Bezug auf den Rechnungslegungsprozess und die Abschlusserstellung des HUGO BOSS Konzerns hat zum Ziel, sämtliche Geschäftsvorfälle bilanziell richtig zu erfassen, aufzubereiten und zu würdigen. Die klare Definition von Verantwortungsbereichen im Finanzbereich der HUGO BOSS AG und die geeignete Aus- und Fortbildung der Mitarbeiter bilden neben der Verwendung von **adäquater Software** sowie der Vorgabe von einheitlich anzuwendenden Richtlinien die Grundlage für einen ordnungsgemäßen, effizienten und konsistenten Rechnungslegungsprozess.	3 (da von adäquater Software im Zusammenhang mit dem internen Kontroll- und Risikomanagement system die Rede ist)
138	25f.	KS5		**Die Verantwortung für die Identifikation, Bewertung und Realisierung von Chancen** obliegt dem **operativen Management** in den Regionen und Zentralfunktionen.	2
126	14f.	KS5	Steuerung und Überwachung	Die Basis eines erfolgreichen Risikomanagements stellen **konzerneinheitliche Standards sowie Risikolimits** dar. Diese werden für den HUGO BOSS Konzern durch den Vorstand festgelegt und in einem konzernweit gültigen **Risikohandbuch** dokumentiert, das den Mitarbeitern online zur Verfügung steht.	1
126	29f.	KS5		Ergänzend zum Risikomanagementprozess werden **Grenzwerte** festgelegt, welche die Risikotragfähigkeit des HUGO BOSS Konzerns beschreiben und eine Einordnung der Risiken in Kategorien von „gering" bis „signifikant" ermöglichen.	2
127	15f.	KS5		Durch die **kontinuierliche Überwachung von Frühwarnindikatoren können Planabweichungen** rechtzeitig erkannt werden. Meldeketten und das **Einleiten** geeigneter, im Vorfeld definierter **Gegenmaßnahmen** gewährleisten eine rasche Reaktion im Eintrittsfall eines Risikos.	2
127	19f.	KS5		Die Funktionsfähigkeit des Risikomanagements wird außerdem **regelmäßig** von der **internen Revision kontrolliert.**	1
127	19f.	KS5		Im Rahmen der **Jahresabschlussprüfung** wird durch den **Wirtschaftsprüfer überprüft,** dass der Vorstand die nach § 91 Abs. 2 AktG geforderten Maßnahmen in geeigneter Weise getroffen hat.	0
136	14f.	KS5		**Managementkontrollen** in allen Geschäftsbereichen setzen die Bereitstellung von	2

Seite	Zeile	Nr.	Bewertungskategorie	Textstelle	Anmerkung/ Relevanzen/ Punkte
				korrekten und zeitnahen Informationen voraus. Den **Business-Informations- und Reporting-Systemen** kommt daher eine hohe Bedeutung zu. (…) Das BIS enthält sowohl für den Finanzbereich wie auch für alle operativen Bereiche eine Vielzahl von Reports und Key Performance Indicators, die täglich abgerufen werden können.	
138	11f.	KS5		Die **interne Revision** ist Teil des internen Kontrollsystems und **überprüft** im Rahmen ihrer Überwachungsfunktion die definierten Kontrollen auf Einhaltung und Wirksamkeit.	1

Abb.12 Codiertabelle PUMA 2010 1

Zitiert aus: Geschäfts-und Nachhaltigkeitsbericht 2010. (07.02.2013), http://ir2.flife.de/data/puma/igb_html/index.php?bericht_id=1000004&lang=DEU

Seite	Zeile	Nr.	Bewertungskategorie	Textstelle	Anmerkung/ Relevanzen/ Punkte
			Sonstiges		
204			Seitenzahlen Geschäftsbericht	204 Seiten	S.1- S.204
124			Seitenzahlen Risikobericht	5 Seiten	S.124- S.128
2			Umsatz laut Geschäftsbericht in Mrd. Euro	2,8621 Mrd. Euro	
2			Gewinn nach Steuern laut Geschäftsbericht in Mrd. Euro	0,202 Mrd. Euro	Konzerngewinn
2			Eigenkapitalquote	58,60 %	
2			Marktkapitalisierung in Mrd. Euro	3,715 Mrd. Euro	
			Free-Float-Anteil	?	Nicht angegeben
			Letzter Kurs im Jahr des Geschäftsberichts	?	Nicht angegeben
			Branche	5 – Consumer Staples Sector	laut Excel-Tabelle
			Riskofelder		
			Strategische Risiken		
		S01	Kernaussagen, Prämissen und Konsistenz der Strategie		0
125	20f.	S02	Geschäftsfeldstruktur	Den Leitlinien der Nachhaltigen Entwicklung folgend wurde bereits vor Jahren das PUMA. Safe-Team gegründet, um die beiden Säulen der nachhaltigen Entwicklung, nämlich Umweltschutz und soziale Verantwortung, optimal in die Kerngeschäftsfelder von PUMA zu integrieren und mit der wirtschaftlichen Entwicklung in Einklang zu bringen.	0
		S03	Bedrohung kritischer Erfolgsfaktoren und strategischer Ziele		0
			Marktrisiken		

Seite	Zeile	Nr.	Bewertungskategorie	Textstelle	Anmerkung/ Relevanzen/ Punkte
125	24f.	M01	Markttrends: Chancen und Gefahren	Um das **Risiko aus marktumfeldspezifischen Produkteinflüssen**, insbesondere die **Gefahr der Substituierbarkeit im immer wettbewerbsintensiveren Lifestylemarkt** zu vermeiden, spielt vor allem das frühzeitige Erkennen und Ausnutzen von relevanten Konsumtrends eine entscheidende Rolle.	3
		M02	Marktattraktivität und Wettbewerbskräfte		0
124	26f.	M03	Bedrohung von Marktposition und Wettbewerbsvorteilen	Als Markenartikelunternehmen ist sich PUMA der **Bedeutung eines starken Markenimages** bewusst. Durch eine innovative und nachhaltige Markenkommunikation hat sich PUMA ein begehrliches Markenimage aufgebaut. Das **Markenimage ist von großer Bedeutung**, da es das Verhalten eines Verbrauchers nicht nur zugunsten, sondern auch zum Nachteil der Marke beeinflussen kann. So können beispielsweise **Produktfälschungen zu einem erheblichen Vertrauensverlust** der Verbraucher in die Marke und damit zu einem **negativen Markenimage** führen. Aufgrund ihrer Begehrlichkeit rückt die Marke PUMA zunehmend in den Fokus von **Produktpiraten**. Die **Bekämpfung dieser Markenpiraterie** hat bei PUMA einen **hohen Stellenwert**.	4 (da Zusatz „großer Bedeutung" und „hoher Stellenwert" erwähnt wird)
		M04	Konjunkturelle Absatzmengen- und Absatzpreisschwankungen		0
		M05	Beschaffungsmarkt		0
		Finanzrisiken			
127	9f.	F01	Finanzielle Stabilität und Liquidität	Um die **Zahlungsfähigkeit sowie die finanzielle Flexibilität sicherzustellen**, wird eine **Liquiditätsreserve** in Form von Kreditlinien sowie Barmitteln vorgehalten. Kreditlinien werden grundsätzlich bis auf Weiteres zur Verfügung gestellt.	0
127	11.f	F01		Trotz der weltweiten Finanzkrise bestehen **keine erwähnenswerten Kapitalrisiken**, da PUMA über eine hohe Eigenkapitalquote verfügt.	0
126	7f.	F02	Zinsen und Währungen	PUMA ist als international agierendes Unternehmen **Währungsrisiken** ausgesetzt, die aus der Disparität des jeweiligen Währungsumfangs auf der Einkaufs- und der Verkaufsseite aus und aus Währungsschwankungen resultieren. (...) **Zur Umwandlung** von auf fremde Währung lautenden, bestehenden und absehbaren finanziellen Verbindlichkeiten in die funktionalen Währungen der Konzernunternehmen werden **Devisentermingeschäfte eingesetzt**. Es werden nur **marktübliche**	3

Devisentermingeschäfte zur Absicherung bereits geschlossener oder sich abzeichnender Verträge mit renommierten internationalen Finanzinstituten abgeschlossen.

Seite	Zeile	Nr.	Bewertungskategorie	Textstelle	Anmerkung/ Relevanzen/ Punkte
126	16f.	F02		Weiterhin können durch konzerninterne Darlehen, die zur Finanzierung ausgegeben werden, **Fremdwährungsrisiken** entstehen. Um **Währungsrisiken** bei der Umwandlung von auf fremde Währung lautenden konzerninternen Darlehen in die funktionalen Währungen der Konzernunternehme abzusichern, werden **Währungsswaps und Devisentermingeschäfte** eingesetzt.	3
127	2f.	F03		**Zinsänderungen** haben bei PUMA **keinen wesentlichen Einfluss** auf die Zinssensitivität und bedürfen somit keines Einsatzes von Zinssicherungsinstrumenten.	0
		F03	Wertpapier- und Portfoliorisiken		0
126	16f.	F04	Derivate	Um **Währungsrisiken** bei der Umwandlung von auf fremde Währung lautenden konzerninternen Darlehen in die funktionalen Währungen der Konzernunternehmer **abzusichern, werden Währungsswaps und Devisentermingeschäfte** eingesetzt.	3
127	4f.	F05	Bonitäts- und Adressausfallrisiken	Aufgrund der Geschäftstätigkeit bzw. des operativen Geschäfts ist PUMA einem **Ausfallrisiko** ausgesetzt, dem durch eine fortlaufende Überwachung der Außenstände und durch ausreichende Wertberichtigungen begegnet wird. Das Ausfallrisiko wird durch **Kreditversicherungen limitiert** und das maximale Ausfallrisiko wird durch die Buchwerte der in der Bilanz angesetzten finanziellen Vermögenswerte wiedergegeben.	2 (da Zusatz „durch Kreditversicheru ngen limitiert" ist gleichbedeutend mit „ausreichend abgesichert")
		F06	Risiken aus Beteiligungen		0
		F07	Immobilien		0
125	36f.	F08	Investitionen und Finanzierung	Expansion mit eigenen Einzelhandelsgeschäften bedeutet auch in den Ausbau bzw. die Einrichtung der Läden **zu investieren, höhere Fixkosten** im Vergleich zum Vertrieb über Großhandelspartner in Kauf zu nehmen und **Mietverträge mit langfristigen Mietverpflichtungen** einzugehen, was bei einer rückläufigen Geschäftsentwicklung die Profitabilität beeinträchtigen kann. Andererseits gestattet die Verlängerung der Wertschöpfungskette höhere Rohertragsmargen.	0 (da Zusatz „Risiko" fehlt)
		F09	Pensionsrisiken		0

Seite	Zeile	Nr.	Bewertungskategorie	Textstelle	Anmerkung/ Relevanzen/ Punkte
			Politische und Rechtliche Risiken		
124	20f.	R01	Rechtliches und politisches Umfeld	Als international agierendes Unternehmen ist PUMA unmittelbar **gesamtwirtschaftlichen Risiken** ausgesetzt. Die **allgemeine konjunkturelle Entwicklung** kann direkten Einfluss auf das Konsumverhalten der Verbraucher haben. So können sich **politische Krisen, rechtliche Änderungen sowie gesellschaftliche Einflüsse** unmittelbar im Konsum-verhalten bemerkbar machen.	3
125	13f.	R01		Der Großteil der Produkte wird in den aufstrebenden Märkten Asiens produziert. Die **Produktion in diesen Ländern** ist mit verschiedenen **Risiken** verbunden. Beispielsweise können sich bestimmte **Risiken durch** Schwankungen der Wechselkurse, **Veränderungen bei Abgaben und Zöllen oder durch** Handelsbeschränkungen, Naturkatastrophen und **politische Instabilität** ergeben.	3
		R02	Gesellschaftliche Trends		0
		R03	Allgemeine Haftpflicht und Bürgschaft		0
		R04	Produkthaftung		0
		R05	Vertragssicherheit und AGB		0
			Risiken aus Corporate Governance		
125	2f.	G01	Organisationsstruktur, Organisationsprozesse und Kompetenzen	Das kreative Potenzial, das Engagement und das Leistungsvermögen der Mitarbeiter sind wichtige Säulen einer erfolgreichen Unternehmensentwicklung. **Eigenverantwortliches Handeln und Denken** stehen bei PUMA im Vordergrund und sind Bestandteil einer auf **Vertrauen basierten Unternehmenskultur mit flachen Hierarchien.**	0
127	14f.	G01		**Dolose Handlungen wie Diebstahl, Betrug, Untreue, Unterschlagung und Korruption** sowie bewusste Falschdarstellungen in der Rechnungslegung können zu **erheblichen materiellen und Image Schäden** führen. PUMA verfügt über verschiedene Instrumentarien, um diesen **Risiken** zu begegnen.	3
125	2f.	G02	Betriebsklima und Motivation, Führungsstil	**Eigenverantwortliches Handeln und Denken** stehen bei PUMA im Vordergrund und sind Bestandteil einer auf **Vertrauen basierten Unternehmenskultur mit flachen Hierarchien.**	0
125	5f.	G03	Personalrisiken allgemein	Dafür werden **personelle Risiken** im Rahmen eines Regelprozesses erfasst und	3

Seite	Zeile	Nr.	Bewertungskategorie	Textstelle	Anmerkung/ Relevanzen/ Punkte
				bewertet. Entsprechend wurde ein besonderes Augenmerk auf das Talentmanagement, die Identifikation von Schlüsselpositionen und Talenten sowie deren optimale Positionierung und die Nachfolgeplanung gelegt.	
		G04	Risikokultur und Risikokommunikation		0
		G05	Entlohnungs- und Anreizsystem		0
			Leistungsrisiken (Wertschöpfungskette/ Unterstützungsprozesse)		
			Wertschöpfungskette		0
		L02	Risiken aus den Unterstützungsprozessen und sonstige Risiken		0
		L03	Technische Risiken (Verfügbarkeit)		0
125	13f.	L04	Sachanlageschäden (Exogene Einflüsse)	Der Großteil der Produkte wird in den aufstrebenden Märkten Asiens produziert. Die Produktion in diesen Ländern ist mit verschiedenen **Risiken** verbunden. Beispielsweise können sich bestimmte **Risiken durch** Schwankungen der Wechselkurse, Veränderungen bei Abgaben und Zöllen oder durch Handelsbeschränkungen, **Naturkatastrophen** und politische Instabilität ergeben. Risiken können auch durch die Möglichkeit einer zu starken Abhängigkeit von einzelnen Herstellern entstehen.	3 (da Zusatz „Risiko durch Naturkatastrophe" einen exogenen Einflussfaktor für Sachanlageschäd en darstellt).
		L05	Kalkulationsrisiken		0
		L06	Sonstige		0
			Risikobericht Informationsgehalt		
124f.		KR1	Risikokategorien/ -felder definiert	Risikokategorien: **Gesamtwirtschaftliche Risiken, Personelle Risiken, Beschaffungsrisiken, Währungsrisiken, Zinsrisiken, Ausfallrisiken, Liquiditätsrisiken, Kapitalrisiken, Risiko doloser Handlungen**	2 (da Kategorie „Strategische Risiken" nicht erwähnt wird)
125	24f.	KR2	Beschreibung des Risikos	Um das **Risiko aus marktumfeldspezifischen Produkteinflüssen**, insbesondere die **Gefahr der Substituierbarkeit** im immer wettbewerbsintensiveren Lifestylemarkt	2

zu vermeiden, spielt vor allem das frühzeitige Erkennen und Ausnutzen von relevanten Konsumtrends eine entscheidende Rolle. Es müssen ständig neue und innovative Konzepte entwickelt und umgesetzt werden, um sich auf fortlaufend verkürzende Lebenszyklen einzustellen. Nur wer diese Trends frühzeitig erkennt, kann sich einen Vorsprung gegenüber Mitbewerbern verschaffen.

Seite	Zeile	Nr.	Bewertungskategorie	Textstelle	Anmerkung/ Relevanzen/ Punkte
126	7f.	KR2		PUMA ist als international agierendes Unternehmen **Währungsrisiken** ausgesetzt, die **aus der Disparität des jeweiligen Währungsumfangs auf der Einkaufs- und der Verkaufsseite und aus Währungsschwankungen** resultieren. Der **größte Beschaffungsmarkt** ist der asiatische Markt, auf dem die **Zahlungsströme zum größten Teil in USD abgewickelt werden, während die Umsätze zum Großteil in anderen Währungen fakturiert werden.**	2
126	36f.	KR3	Quantifizierung des Risikos	Wenn der USD gegenüber allen anderen Währungen zum 31. Dezember 2010 um 10% aufgewertet (abgewertet) gewesen wäre, wären die Sicherungsrücklage im Eigenkapital und der Fair Value der Sicherungsgeschäfte um € 51,5 Mio. niedriger (höher) (31. Dezember 2009: € 44,0 Mio. höher (niedriger)) ausgefallen.	1 (da allgemeine Zahlungen zur Orientierung der Risikohöhe vorliegen)
124	23f.	KR4	Beschreibung der Bewältigung	PUMA begegnet solchen Risiken mit **geografischen Diversifizierungen** und mit einem **ausgewogenen Produktportfolio**, das kreativ eigene Akzente setzt und sich dadurch positiv vom Wettbewerb abheben soll.	1
124	32f.	KR4		Das **PUMA-eigene Team** zum Schutz des geistigen Eigentums sorgt nicht nur für **ein starkes weltweites Portfolio an Schutzrechten wie Marken, Geschmacksmuster (Designs) und auch Patenten.** Es **verhindert** mit seinem globalen Netzwerk an Markenschutzbeauftragten, externen Rechtsanwaltskanzleien und Detekteien auch die **Zunahme** und damit **umsatzschädigender Produktfälschungen.** Um der Produktpiraterie wirkungsvoll zu begegnen, arbeitet PUMA zudem weltweit eng **mit Zoll- und Polizeibehörden zusammen** und wirkt **beratend bei der Implementierung effektiver Gesetze zum Schutz des geistigen Eigentums mit.**	2
125	16f.	KR4		Durch eine **regelmäßige Überprüfung und Anpassung des Portfolios** soll die Abhängigkeit von einzelnen Lieferanten und Beschaffungsmärkten vermieden werden. Um die zukünftig notwendigen Produktionskapazitäten zu sichern, werden	2

Seite	Zeile	Nr.	Bewertungskategorie	Textstelle	Anmerkung/ Relevanzen/ Punkte
				grundsätzlich langfristige Rahmenvereinbarungen abgeschlossen.	
125	41f.	KR4		Um Risiken zu vermeiden und Chancen zu nutzen, führt PUMA im Vorfeld der Investitionsentscheidung eine detaillierte Standort- und Rentabilitätsanalyse durch. Mit einem ausgeprägten Controlling-/Kennzahlensystem werden negative Entwicklungen frühzeitig erkannt und Gegenmaßnahmen ergriffen, um die einzelnen Geschäfte angemessen zu steuern.	2
127	9f.	KR4		Um die Zahlungsfähigkeit sowie die finanzielle Flexibilität sicherzustellen, wird eine Liquiditätsreserve in Form von Kreditlinien sowie Barmitteln vorgehalten.	1
127	14f.	KR4		Dolose Handlungen wie Diebstahl, Betrug, Untreue, Unterschlagung und Korruption sowie bewusste Falschdarstellungen in der Rechnungslegung können zu erheblichen materiellen und Image Schaden führen. PUMA verfügt über verschiedene Instrumentarien, um diesen Risiken zu begegnen. Dazu gehören unter anderem das Corporate Governance System, das interne Kontrollsystem, das Konzerncontrolling sowie die interne Revision. Darüber hinaus wurde in 2010 eine konzernweite Hinweisgeber Hotline installiert, an die unethisches, rechtswidriges oder kriminelles Handeln berichtet werden kann.	2
127	20f.	KR5	Gesamtrisikoposition	Durch das Risikomanagement ist PUMA in der Lage, die gesetzlichen Bestimmungen zur Kontrolle und Transparenz im Unternehmen zu erfüllen. Das Management geht davon aus, dass in einer Gesamtbewertung der Risikosituation des Unternehmens die Risiken begrenzt und überschaubar sind und den Fortbestand der PUMA-Gruppe nicht gefährden.	1
			Risikobericht Risikomanagementsystem		
124	8f.	KS1	Strategie/ Philosophie/ Politik	Die Leitlinien und die Organisation des Risikomanagements garantieren ein methodisches und systematisches Vorgehen im Konzern.	1
124	9f.	KS2	Analyse	Die direkte Risikoverantwortung wird auf die operativen Mitarbeiter übertragen, die über erkannte Risiken im „Bottom-Up"- Verfahren berichten. Hierdurch wird gewährleistet, dass entstehende Risiken flexibel und schnell erkannt und an das „Risk Management Committee" (RMC) weitergegeben werden. Die Risikoverantwortlichen informieren über wesentliche Veränderungen im Risikoportfolio sowohl durch eine regelmäßige als auch durch eine ad-hoc Berichterstattung.	1

Seite	Zeile	Nr.	Bewertungskategorie	Textstelle	Anmerkung/ Relevanzen/ Punkte
124	9f.	KS2		**Chancen und Risiken** werden von den jeweiligen Verantwortlichen weltweit in **jährlichen Planungsgesprächen analysiert** und daraus **Zielvorgaben und Maßnahmen abgeleitet.** Die Einhaltung der Zielvorgaben wird durch das ausgeprägte **Reportingsystem ständig überwacht und berichtet.**	1
125	41f.	KS2		Um Risiken zu vermeiden und Chancen zu nutzen, führt PUMA im Vorfeld der Investitionsentscheidung eine detaillierte **Standort- und Rentabilitätsanalyse** durch. Mit einem ausgeprägten **Controlling-/Kennzahlensystem** werden **negative Entwicklungen frühzeitig** erkannt und **Gegenmaßnahmen ergriffen,** um die einzelnen Geschäfte angemessen zu steuern.	1
128	16f.	KS2		PUMA verfügt über ein **konzernweites Reporting- und Controllingsystem,** das es ermöglicht, **Abweichungen von Planwerten und rechnungslegungsbezogene Inkonsistenzen** regelmäßig und frühzeitig zu erkennen und, wenn notwendig, Gegenmaßnahmen einzuleiten.	2 (da Zusatz „Abweichungen von Planwerten" gleichbedeutend mit Planungsabweich ungsanalyse ist)
128	19f.	KS2		Im Rahmen des Risikomanagementsystems werden Ereignisse, die einen Einfluss auf die wirtschaftliche Performance und den Rechnungslegungsprozess des Unternehmens haben können, regelmäßig und ad hoc **identifiziert,** das daraus **bestehende Risiko analysiert** und **bewertet** und entsprechende Maßnahmen eingeleitet.	1
		KS3	Aggregation		0
124	9f.	KS4	Aufbau- und Ablauforganisation	Die direkte **Risikoverantwortung** wird auf die **operativen Mitarbeiter übertragen,** die über **erkannte Risiken** im „Bottom-Up"-Verfahren **berichten.** Hierdurch wird gewährleistet, dass entstehende Risiken flexibel und schnell erkannt und an das „Risk Management Committee" (RMC) weitergegeben werden. Die **Risikoverantwortlichen informieren über wesentliche Veränderungen** im Risikoportfolio sowohl durch eine regelmäßige als auch durch eine ad-hoc Berichterstattung.	2
124	13f.	KS5	Steuerung und Überwachung	PUMA verfügt konzernweit über ein **ausgeprägtes Controlling- und Reportingsystem,** welches einen wesentlichen Bestandteil des Risikomanagements	2

darstellt. Chancen und Risiken werden von den jeweiligen Verantwortlichen weltweit in jährlichen Planungsgesprächen analysiert und daraus Zielvorgaben und Maßnahmen abgeleitet. Die **Einhaltung der Zielvorgaben wird durch das ausgeprägte Reportingsystem ständig überwacht und berichtet.** Somit ist PUMA in der Lage, Abweichungen und negative Entwicklungen zeitnah zu erkennen und notwendige Gegenmaßnahmen frühzeitig einzuleiten.

Seite	Zeile	Nr.	Bewertungskategorie	Textstelle	Anmerkung/Relevanzen/Punkte
127	14f.	KS5		PUMA verfügt über verschiedene Instrumentarien um diesen Risiken zu begegnen. Dazu gehören unter anderem das **Corporate Governance System, das interne Kontrollsystem, das Konzerncontrolling sowie die interne Revision.** Darüber hinaus wurde in 2010 eine konzernweite Hinweisgeber Hotline installiert, an die unethisches, rechtswidriges oder kriminelles Handeln berichtet werden kann.	1
128	11f.	KS5		Das interne Kontroll- und Risikomanagementsystem basiert auf einer Reihe von **prozessintegrierten Überwachungsmaßnahmen** und umfasst dazu notwendige Maßnahmen, interne Anweisungen, Organisations- und Berechtigungsrichtlinien, einen Code of Conduct und Code of Ethics, die personelle Trennung von Funktionen im Unternehmen sowie das Vier-Augen-Prinzip. Die Maßnahmen werden **regelmäßig durch die interne Revision** auf Angemessenheit und Funktionsfähigkeit **überprüft.**	1
128	26f.	KS5		Der **Abschlussprüfer berichtet** in der Aufsichtsratssitzung zum **Jahresabschluss.**	0

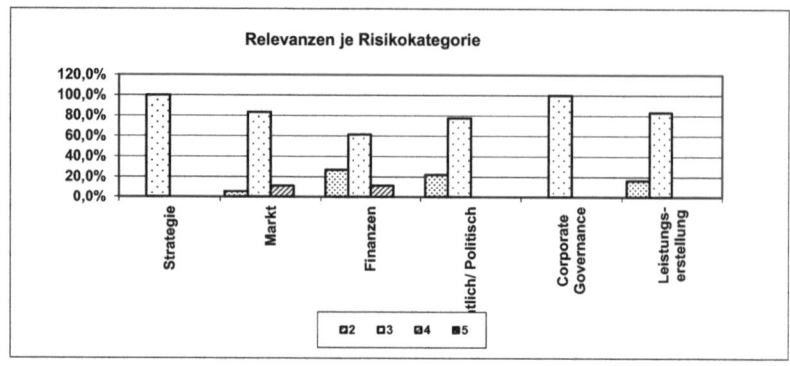

Abb.14 Relevanzen je Risikokategorie 1
Quelle: Auswertungsschema Risikobericht 2010, „Arbeitsblatt Risikofelder"

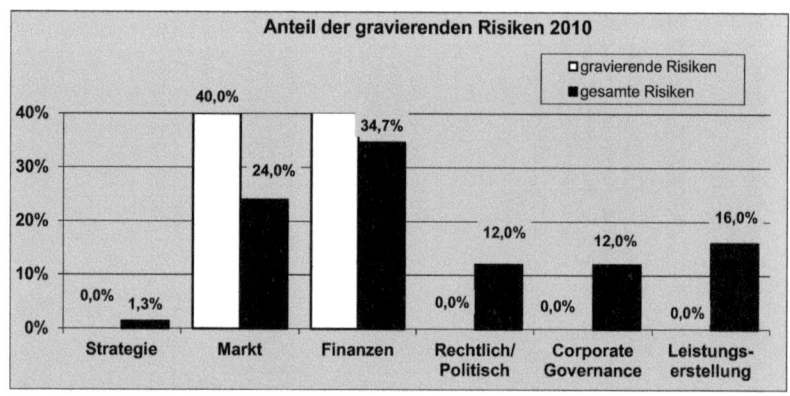

Abb.15 Anteil der gravierenden Risiken 1
Quelle: Auswertungsschema Risikobericht 2010, „Arbeitsblatt Risikofelder"

TOP 5 der gravierenden Risiken:		abs.	%
Rechtliches und politisches Umfeld		0	0,0%
Konjunkturrisiken		0	0,0%
Beschaffungsmarkt		1	20,0%
Beschaff		0	0,0%
Derivate		2	40,0%

Abb.16 TOP 5 der gravierenden Risiken 1
Quelle: Auswertungsschema der Risikoberichte 2010, „Arbeitsblatt Risikofelder"

Literaturverzeichnis

Literaturquellen

Bitz, H.: Risikomanagement nach KonTrag. Einrichtung von Frühwarnsystemen zur Effizienzsteigerung und zur Verminderung von persönlicher Haftung. Stuttgart.2000.

Gietl, G./ Lobinger, W./ Kamiske, G.F.: Risikomanagement für Geschäftsprozesse. Leitfaden zur Einrichtung eines Risikomanagementsystems.(o.O.).2006

Gleißner, W.: Grundlagen des Risikomanagements im Unternehmen. Controlling, Unternehmensstrategie und wertorientiertes Management. 2.Aufl. München 2011

Krystek, U./Moldenhauer, R.: Handbuch Krisen- und Restrukturierungsmanagement. Generelle Konzepte, Spezialprobleme, Praxisberichte. Stuttgart 2007

Kuckartz, U.: Qualitative Inhaltsanalyse, Methoden, Praxis, Computerunterstützung. Weinheim und Basel 2012

Martin, T./ Bär, T.: Grundzüge des Risikomanagements nach KonTraG. Managementwissen für Studium und Praxis. 1.Aufl. München 2002

Mayring, P.: Die Praxis der Qualitativen Inhaltsanalyse.2.Aufl.Weinheim und Basel 2008

Mayring, P.: Qualitative Inhaltsanalyse, Grundlagen und Techniken.8.Aufl.Weinheim und Basel 2003

Romeike, F./ Hager, P.: Erfolgsfaktoren Risiko für Management 2.0. Methoden, Beispiele, Checklisten, Praxishandbuch für Industrie und Handel.2.Aufl. Wiesbaden 2009

Schempf, T.: Rendite- und Risikomanagement.8.Aufl. Riedlingen 2012

Semrau, D.: Risikomanagement im Mittelstand. Konzept und Systementwicklung. Hamburg 2011

Steifl, J.: Risikomanagement und Existenzsicherung. Mit Konzepten und Fallstudien zu KMU. München 2010

Top, J.: Konsensanalyse: Ein neues Instrument des Inhaltsanalyse.Theoretische Fundierung und empirische Kalibrierung.(o.J.).(o.I.)

Zepp, M.: der Risikobericht von Kreditinstituten. Anforderungen, Normen, Gestaltungsempfehlungen. Göttingen 2007

Zeitschriften

Berger, T./ Gleißner, W.: Risikosituation und Stand des Risikomanagements aus Sicht der Geschäftsberichterstattung. Ergebnisse einer empirischen Studie im Überblick. In: ZCG (Zeitschrift für Corporate Governance), Heft 7/2007, S.62f., S.67

Gleißner, W. u.a.: Risikoberichterstattung und Risikoprofil von HDAX-Unternehmen 2000 bis 2013.In: FINANZ BETRIEB, Heft, 5/2005, S.346

Kajüter, P./ Winkler, C.: Die Risikoberichterstattung der DAX 100 Unternehmen im Zeitvergleich. Ergebnisse einer empirischen Untersuchung. In: KoR, Heft 05/2003, S.217

Arbeiten (Studienarbeit, Diplomarbeit, Dissertation)

Abrahamowicz, M.: Theoretische Herleitung einer wünschenswerten Ausgestaltung von Solvenzinfos aus Sicht privater Versicherungsnehmer.(o.J.).Diplomarbeit (o.O.).(o.I.)

Baudisch, T.: Risikomanagement. Entscheidungstheoretischer Ansatz und praktische Umsetzungsanalyse. (o.J.).(o.I.).

Fiedler, A.: Insolvenzfrüherkennungssysteme, das Rating und das Risikomanagement als Instrument für kleine und mittlere Unternehmen (KMU). Zur Gestaltung von Existenzsicherungs- und Unternehmensentwicklungsprozesse unter den Bedingungen der vorherrschenden Strukturpolitik sowie den Finanzierungs- und Fördermöglichkeiten.2008. Dissertation Norderstedt (o.I.)

Filipiuk, B.: Transparenz der Risikoberichterstattung. Anforderungen und Umsetzung in der Praxis. 2008. Dissertation Wiesbaden: Universität Frankfurt

Führing, M.: Risikomanagement und Personal Management des Fluktuationsrisikos von Schlüsselpersonen aus ressourcenorientierter Perspektive. 2006. Dissertation Wiesbaden: Universität Trier

Gulden, T.: Risikoberichterstattung in den Geschäftsberichten der deutschen Automobilindustrie. Nr.108.Diplomarbeit. (o.O.). Hochschule Pforzheim

Höppner, K.: Risikomanagement gem. KonTraG als Aufgabe des Controllings. 2007.Studienarbeit Norderstedt: (o.I.)

Strohmeier-Scheu, D.: Bewertungseinheiten nach deutschem Handelsrecht. Die Auswertung des BilMoG auf die bilanzielle Abbildung von Sicherungsbeziehungen. (o.J.).Masterarbeit. Grin Verlag

Von Rimscha, B.: Risikomanagement in der Entwicklung und Produktion von Spielfilmen. Wie Produzenten vom Drehbeginn Projetrisiken steuern. 2010.Dissertation Wiesbaden Philosophische Fakultät der Universität Zürich

Wöhrmann, A.: Intangible Impairment. Qualitativer Impairment-Test für immaterielle Vermögenswerte. 2009.Dissertation.Münster:Westfälische Wilhelms-Universität

Zauner, C.: Qualitative Inhaltsanalyse.Forschungsarbeit.2012.Norderstedt (o.I.)

Studien

Auswertungsschema Risikobericht 2010: Arbeitsblätter Risikofelder, Systemanalyse und Scoring.2013.Studie

Internetquellen

Adidas GROUP: Geschäftsbericht 2010.Fit for the future.2010.URL: http://adidas-group.corporate publications.com/2010/gb/files/pdf/de/ADS_GB_2010_De.pdf (07.02.2013)

Beiersdorf: Unser Profil.2013.URL: http://www.beiersdorf.de/%C3%9Cber_uns/Unser_Profil.html (07.02.2013)

Beiersdorf: Geschäftsbericht 2010.URL: http://www.geschaeftsbericht2010.beiersdorf.de/de/konzernlagebericht.html (07.02.2013)

Business Netz Redaktion: KonTraG-Alles zum betrieblichen Risikomanagement.2010. URL: Business Netz Redaktion - http://www.business netz.com/Qualitaetsmanagement/KonTraG-betriebliches-Risikomanagement(01.02.2013)

Bundesministerium der Justiz: §91 Organisation. Buchführung.(o.J.).URL: http://www.gesetze-im-internet.de/aktg/__93.html (05.02.2013)

Bundesministerium der Justiz: §93 Sorgfaltspflichten und Verantwortung der Vorstandsmitglieder.(o.J.).URL: http://www.gesetze-im-internet.de/hgb/__93.html (05.02.2013)

Bundesministerium der Justiz: §289.(o.J.).URL: http://www.gesetze-im-internet.de/hgb/__289.html (05.02.2013)

buzer.de: Gesetz über die Rechnungslegung von bestimmten Unternehmen und Konzernen (PublG).§11 zur Rechnungslegung verpflichteter Mutterunternehmen.2013. URL: http://www.buzer.de/s1.htm?a=11&g=publg&dorg=1(04.02.2013)

CONTROLLING-Portal.de: (o.J.).URL:
http://www.controllingportal.de/Fachinfo/Grundlagen/Szenario-Analyse.html
(10.02.2013)

Deutsches Rechnungslegung Standard Committee e.V.: Details der DRS 5
Risikoberichterstattung.(o.J.).URL:http://www.drsc.de/service/drs/standards/index.php?
ixstds_do=show_details&entry_id=8 (02.02.2013)

Dodds, H.: o.T. o.J. URL: http://www.wirtschaftszitate.de/autor/dodds_harold_w.php
(08.02.2013)

DOUGLAS HOLDING: (o.T.).2013.URL: http://www.douglas-holding.de/
F(07.02.2013)

DOUGLAS HOLDING: Geschäftsbericht 2009/10.2010.URL: http://www.douglas-
holding.de/fileadmin/Bilder/pdfs/de/GB2009-10.pdf (07.02.2013)

Fiege, S.: Risikomanagement.(o.J.).URL:
http://wirtschaftslexikon.gabler.de/Definition/risikomanagement.html (07.02.2013)

Heldt, C.: HDAX. (o.J.).URL: http://wirtschaftslexikon.gabler.de/Definition/hdax.html
(04.02.2013)

Henkel: Geschäftsbericht 2010. 2010. URL:
http://www.henkel.de/de/content_data/209100_2011.02.24_FY_2010_annualreport_de.
pdf (08.02.2013)

Henkel: Über Henkel.2013.URL:http://www.henkel.de/ueber-henkel.htm (07.02.2013)

HUGO BOSS AG: Geschäftsbericht 2010.2010.URL: http://annualreport-
2010.hugoboss.com/ (08.02.2013)

HUGO BOSS AG: Konzernprofil.2013.URL:
http://group.hugoboss.de/de/corporate_profile.htm (08.02.2013)

Juristischer Informationsdienst: GmbH-Gesetz.$43 Haftung der
Geschäftsführer.2013. URL: http://dejure.org/gesetze/GmbHG/43.(29.01.2013)

Juristischer Informationsdienst: Handelsgesetzbuch. §264a .Anwendung auf
bestimmte offene Handelsgesellschaften und Kapitalgesellschaften.2013.URL:
http://dejure.org/gesetze/HGB/264a.html (29.01.2013)

Juristischer Informationsdienst:Handelsgesetzbuch.§289.2013.URL:
http://dejure.org/gesetze/HGB/289.html (29.01.2013)

Juristischer Informationsdienst:Handelsgesetzbuch.§290.Pflicht zur
Aufstellung.2013.URL: http://dejure.org/gesetze/HGB/290.html (29.01.2013)

Juristischer Informationsdienst: Handelsgesetzbuch.§315.2013.URL:
http://dejure.org/gesetze/HGB/315.html (05.02.2013)

Juristischer Informationsdienst: Handelsgesetzbuch.§317 Gegenstand und Umfang
der Prüfung.2013.URL: http://dejure.org/gesetze/HGB/317.html (29.01.2013)

Juristischer Informationsdienst: Handelsgesetzbuch.§342 Privates Rechnungslegungsgremium.2013.URL: http://dejure.org/gesetze/HGB/342.html (29.01.2013)

Juristischer Informationsdienst: Bürgerliches Gesetzbuch.§421.Gesamtschuldner.2013.URL:http://dejure.org/gesetze/BGB/421.html(29.01.2013)

Mruck, K./Mey, G.: Selbstreflexivität und Subjektivität im Auswertungsprozeß einer Projektwerkstatt qualitativen Arbeitens zwischen Interpretationsgemeinschaft.(o.J.).URL:http://www.qualitativeforschung.de/netzwerksta tt/arbeitsgruppen/grundlagen/pw.pdf (08.02.2013)

Planet Sports: (o.T.).2013.URL: http://www.planetsports.de/manufacturer68/index.html (05.02.2013)

PUMA: (o.T.).2012.URL: http://about.puma.com/category/company/glance (07.02.2013)

PUMA: Geschäfts- und Nachhaltigkeitsbericht 2010.URL: http://ir2.flife.de/data/puma/igb_html/index.php?bericht_id=1000004&lang=DEU(07.0 2.2013)

Risk Net: Beispiele für einzelne Risikoarten. (o.J.)URL:http://www.risknet.de/wissen/grundlagen/risikokategorien/(08.02.2013)

Schroeder, A.: Prozesse im Risikomanagement.(o.J.)URL:https://axel-schroeder.de/2010/05/09/prozesse-im-risikomanagement/ (07.02.2013)

Trauboth, J.H.: Risikomanagement und das Gesetz zur Kontrolle und Transparenz im Unternehmensbereich.2000.URL: http://www.risikomanagement.info/Risikomanagement-und-das-Gesetz-zur-Kontrolle-und-Transparenz-im-Unternehme.309.0.html

Wagner, F.: Gesetz zur Kontrolle und Transparenz im Unternehmensbereich (KonTraG). (o.J.).URL: http://wirtschaftslexikon.gabler.de/Definition/gesetz-zur-kontrolle-und-transparenz-im-unternehmensbereich-kontrag.html (01.02.2013)

Wirtschaftslexikon: Lagebericht.(o.J.). URL: http://www.daswirtschaftslexikon.com/d/lagebericht/lagebericht.htm#A7D202140B361 95800000016 (04.02.2013)

Wolters Kluwer Deutschland Service GmbH: Lexikon der Unternehmensführung. Rechnungswesen. KonTraG.(o.J.) URL: http://www.steuerlinks.de/rechnungswesen/lexikon/kontrag.html(04.02.2013)